阿部恭子

家族という呪い

害者と暮らし続けるということ

GS 幻冬舎新書 532

はじめに

「家庭を持って初めて一人前になる」

この言葉は、誰しも一度は耳にしたことがあるでしょう。

「これまでは自分のために働いてきたけれど、これからは家族のために……」

「家族を持つことで責任感が出てきた。これからは家族が健康に過ごせるようサポートしていきたい」

等々、決意を新たにする方も多いでしょう。

しかしながら、家族を持つことで実際に幸せになる方の比率はどれくらいでしょうか？　統計データがないので正確な数字はわかりませんが、周りの人たちの話を聞く範囲で、「家族を持つと幸せになれる！」と確信している人は、そう多くはないはずです。

それは、なぜなのでしょうか？

私は、二〇〇八年に日本で初めて犯罪者の家族（加害者家族）の支援組織を立ち上げ（二〇一一年よりNPO法人）、千組以上の相談にのってきました。

「寝たきりの父親の首を絞め殺害」「民家から母子の遺体発見、無理心中か」「祖父殺害で孫を逮捕」――平和なはずの日本社会で、家族間で起こる殺人は後を絶ちません。

「痴漢容疑で銀行員逮捕」「エリート会社員による強姦《ごうかん》事件」――家族によって人生を台無しにされる家族もいます。それが「加害者家族」です。

家族が罪を犯したことによって、これまで築いてきた人間関係や信頼、立場や地位、財産など多くのものを失うだけではありません。

犯罪者の家族であるという事実は、結婚や就職といった、その後の人生に暗い影を落とし続けることになるのです。

もちろん家族を持つことで、人生がより充実したものになる人も大勢います。

しかしながら、家族の存在に永遠に苦しめられる人たちも少なくないのです。

私は加害者家族への支援を通して、その実情を間近で見てきました。そのなかで、「家族がいて幸せだった」と生涯を終える人と、家族に人生を台無しにされ、「自分の人生は、どこで間違えてしまったのか……」と嘆き悲しむ人に、大きな違いがあるわけではないことに気がつきました。

なぜなら加害者は、特殊だったり恵まれない環境で育った人ではなく、大半が、ごく普通のどこにでもいる家族から生まれているからです。

むしろ経済的にも余裕があり、傍から見れば、羨ましいと思われるような家庭環境でした。


安心できるはずの家庭で、一体何が起こっているのでしょうか？

そして、不幸な家族と幸せな家族、その明暗を分けるものは何なのでしょうか。

その詳細を、本書で解き明かしていきたいと思います。

＊本書で紹介する事例はすべて個人が特定されることのないよう一部変更を加えており、名前は仮名である。

家族という呪い／目次

ＤＴＰ 美創

第一章 エリート夫による性犯罪

結婚式直前の事件

「大勢の人に祝福された結婚式なのに胸のうちは罪悪感でいっぱいでした……」

佐藤理香子（四十代）の夫になる祐介（四十代）は電車内で盗撮をした疑いで警察から出頭を求められていた。

「電車の中を撮ってたら、警察が来て。スマホは没収だって」

警察署から戻ってきたと話す祐介は、信じられない言葉をさらっと口にした。理香子は開いた口が塞がらなかった。二日後には、ふたりの結婚式が控えているのだ。

「また警察から呼び出しがあるだろう。けど、弁護士の話では逮捕されても罰金で済むだろうって」

「逮捕って……。式はどうなるの？」

「予定通りするだろう？　そんな大したことじゃないよ」

「そんな……」

「式、やめようか？　あと一日ある。急病だとか、言い訳はなんとでもなるだろう。理香子に任せるから」

祐介はまるで他人事《ひとごと》のように淡々と話すと、そそくさと自分の部屋に戻っていった。

理香子と祐介は、エンジニアとして同じ会社に勤務していた。互いに四十歳を目前に独身だったことから、理香子からプロポーズをした。

理香子は奥手で、学生時代から異性や恋愛には全くといっていいほど興味がなく、交際した男性は祐介が初めてだった。恋愛に興味はなかったが、子どもが好きだったことから結婚願望が強く、四十歳までにはどうしても結婚したいと考えていた。

理香子にとって祐介は、一緒にいて安心できる相手だった。平凡だが幸せな家族を作れるパートナーだと心から信じていた。それが、まさか、結婚式を目前に警察沙汰になるような事件を起こすとは夢にも思わなかった。もし祐介が逮捕されてしまったら、自分はどうなってしまうのか。

それだけでなく、祐介は警察から疑われているにもかかわらず、あっけらかんとしている。こんな人と、このまま結婚してよいのだろうか。将来を考えたらここで式をキャンセルした方がよいのではないか。いろいろな思いが頭を巡り、理香子は一睡もできなかった。

結局、式を取りやめる言い訳が見つからず、そのまま結婚式当日を迎えることになった。ウエディングドレスに身を包んだ理香子は、式場に向かうにつれて、人々の視線が怖くなった。祐介は、事件は誰にも知られていないと言い張るが、見ていた人がいるかもしれない。警察官と結婚した同僚も来ているはずだ。もし、事件のことを知っていたら……。理香子は、祐介の事件が公になる恐怖に襲われ、バージンロードを歩く間、冷や汗が止まらなかった。

披露宴では、水さえ喉を通らないほど緊張している理香子の隣で、友人らがすすめる酒を飲み干し、上機嫌になっている祐介に怒りが込み上げていた。

理香子は披露宴を終えると体調が優れないと言い、ひとりで自宅に戻った。幼い頃から夢に見ていた結婚式は、誰にも言えない秘密を抱え、人生で最も惨めな日になってしまった。


「説教されて終わったよ」

式の翌日、警察から戻ってきた祐介はそう理香子に伝えた。事件は立件されなかったようだ。

「電車の中を撮ってたって、何を撮ろうとしていたの？」

「別に……。ただ携帯いじってただけだって……」

理香子は警察から返してもらったスマホを見せてほしいと言うと、祐介はすぐさまポケットから取り出して、ロックを解除して理香子に渡した。

理香子は保存されている画像を確認したが、わいせつな写真は見つからなかった。

祐介の友人でもあり、今回の事件を引き受けてくれた弁護士は、

「疑われないように注意しないとね。最近、この手の犯罪は多いんですよ。みんな、捕

まらないと思ってやっている。祐介君は結婚もして、立派な仕事をしてるんだから、そんなことはしませんよ」

弁護士の言葉を聞いて、理香子はようやく胸をなで下ろした。専門家がそう判断するなら間違いはないはずだ。そしてもう一度、祐介を信じてみようという気持ちになった。

理香子は悪夢から目覚め、ようやく幸せな結婚生活を手に入れたと思った。

ハネムーンで再犯

ふたりは新婚旅行で沖縄を訪れていた。大自然の中で開放的な時間を過ごすにつれて、嫌な思い出は薄れ、理香子の傷ついた心は癒されていた。旅の最終日、ふたりはディナーに出かけてお酒も飲んだ。

ホテルの入り口まで戻ったとき、祐介は、トイレに行きたいので理香子に先に部屋へ戻るよう言った。

理香子はひとりで部屋に戻り、風呂に入った。一時間近く経って浴室を出ても、祐介は部屋に戻っていなかった。しばらくすると、ホテルの従業員が部屋を訪ねてきた。祐介が不審な行動を取ったので、警察を呼んだという。祐介は、ホテル内で事情を聞かれており、警察は理香子からも話を聞きたいということだった。

祐介は、ホテルの女子トイレ付近をうろうろしており、客から通報があったという。祐介は、酔っていて男子トイレと女子トイレを間違えたと説明していた。

祐介は、飲酒の習慣はなく酒に強い方ではなかった。今日は珍しくワインを飲んだこともあって、予想以上に酔っぱらっていたのだろうと思った。ところが、警察が来たのは別の理由があった。

「ここ数日間、ホテルの女子トイレや更衣室付近をうろうろするご主人が目撃されていて、不審に思った宿泊客から苦情が出ていたようです。奥さん、何か心当たりはありませんか？」

理香子はドキッとした。脳裏に浮かんだのは、結婚式前の事件だ。しかし、沖縄では祐介とほとんど行動を共にしており、毎晩セックスもしているのだから、祐介がここで破廉恥な行動をするとは考えられない。

祐介は、幼女へのいたずらや盗撮が流行っている昨今、誤解を受けるような行動には気をつけるようにと注意を受けた。理香子と祐介は、二時間近く事情を聞かれた後、部屋に戻ることを許された。

しかし、部屋に戻ろうとする理香子を、ひとりの警察官が呼び止めた。

「ご主人、病気かもしれない。大事《おおごと》になる前に別れた方がいい。そうじゃないと、あんた相当苦労させられるよ」

理香子はこのときもまだ、事の重大さに気がついてはいなかった。

心配する理香子に祐介は弁解を続けた。今回のトラブルは、酔っていたことと、サングラスでよく表示が見えなかったことが原因だという。そして女子トイレや更衣室付近をうろついた覚えはないと言い張った。確かにこのとき、祐介のカメラも携帯も自分が預かって部屋に置いてあった。

理香子は部屋に戻った後、祐介がシャワーを浴びている間にカメラと祐介の新しい携帯を調べた。ここに怪しい写真や映像がなかったら、疑うことはやめようと決めた。おそるおそる確認したところ、カメラや携帯に収められていたのは沖縄の景色とふたりの写真だけだった。理香子は胸をなで下ろした。新婚旅行で羽目を外しただけに違いない、楽しい日々を汚すまいと、理香子は不安を打ち消した。

妊娠しても変わらない夫

数カ月後、理香子は妊娠した。予想以上に早かった妊娠に、祐介も親族も大喜びだった。

理香子は妊娠を機に、会社を退職した。これまで働いてきた貯金もあり、夫ひとりの収入で家族の生活は成り立つと思われた。

退職後、理香子は自宅にいるようになり、主婦の友達ができるようになった。ある日、友人のひとりが、急に話があると言って自宅を訪ねてきた。

彼女は神妙な面持ちで、まず、妊娠中の理香子に体調を気遣う言葉をかけると、言いにくそうに話を切り出した。

「ご主人のことなんだけど、最近、この近所で噂になってるの。もしかして、理香子さん知らないいんじゃないかと思って……」

「夫が何か？」

全く事情を知らない理香子の様子に、彼女はさらに気まずい表情をした。

「言いにくいんだけど……、ご主人がお風呂を覗いてたっていう噂が……」

理香子は全身から血の気が引いていくような気がした。

女子学生が住むアパート周辺をうろつく祐介の姿が、近所の人々に何度も目撃されていた。祐介が、階段を上っていく女性のスカートの中を、しゃがんで覗いていたところを見た人もいるという。祐介はすでに、近所では変質者扱いされていたのだ。

新婚旅行先で警察官から告げられた「ご主人は病気かもしれない」という言葉が理香子の脳裏に蘇った。

この日の夜、理香子は仕事から帰ってきた祐介に、これまでのことを問い質《ただ》した。

「俺は何もしていない！」

祐介は、怒りを込めた口調で言い切った。

「私だって疑いたくないけど、何人もの人が見たって言ってるのよ……」

「いつもみんな『覗いた』って言うけど、俺はただ、見てただけなんだよ」

「いつもみんなって、もしかしていままでもこういうことがあったの？」

祐介は黙り込んだ。

「あなた、もしかして病気なんじゃ……」

「俺は病気じゃない！」

祐介はそう言い放ち、怒りを込めて部屋の扉を閉めた。理香子はきちんと踏み込んだ話をしようと思うのだが、祐介は一方的に話を遮るのだった。

夫が変質者扱いされていることを知った理香子は、近所の人の目が気になり、外出することが怖くなってしまった。すでに噂が広まっているこの町で、子どもを育てる気になどなれなくなっていた。

夫と気まずいまま迎えた翌日、出勤した夫はいつもの帰宅時間には帰ってこなかった。携帯に何度か電話をしたがつながらない。不安になり、会社に連絡をしてみると、夫はすでに会社を出たという。理香子は嫌な予感を拭《ぬぐ》えなかった。

二十三時を過ぎた頃、自宅の電話が鳴ると、警察からだった。祐介は、軽犯罪法違反で現行犯逮捕されていた。

理香子が慌てて祐介が逮捕された警察署に向かうと、すでに弁護士が対応していた。

祐介は、女子大生が住むアパートを特定し、廊下の窓から家の中を覗いていたという。

　理香子がきちんと監督するということを警察に伝え、深夜に祐介は自宅に帰れることになった。警察からの帰り道、ふたりは終始無言だった。理香子は、呆れてものが言えないとは、まさにこのことだと思った。この日も眠りに就くことができずに、朝も起き上がることができなかった。それでも祐介はいつも通りの時間に起床し、いつもと変わらず出勤していた。

　翌日、夫の弁護人から連絡があり、被害者との示談交渉に、妻である理香子に同席してほしいという。被害女性は、再び加害者と対面することを恐怖に感じており、代わりに家族に謝罪してほしいというのだ。理香子は、なぜ自分が謝罪しなくてはならないのか、一瞬、怒りが込み上げた。しかし、お腹の子どもの未来を考えると、避けて通ることはできないと謝罪に行くことを決めた。

　理香子は祐介の弁護人と一緒に、犯行現場でもある被害者宅に向かった。近所の大学に通う被害者が暮らす二階建てのアパートは、住人のほとんどが学生だという。いかにもサラリーマンという格好の夫が出入りするには違和感のある場所だった。

弁護人がチャイムを鳴らすと、大学生になったばかりの小柄な女性とその母親が、ふたりを怒りの表情で迎えた。理香子は、被害者と目を合わせることすらできず、頭を下げて謝罪した。

被害女性は、廊下から覗いている祐介と目が合い、警察に何度か通報していたという。毎回、パトカーが到着するまでの間に祐介は立ち去っており、祐介が逮捕されるまで恐怖に怯えて生活していたと泣きながら訴えた。いまでも祐介が廊下に現れるような幻覚に囚《とら》われることがあり、悪夢にうなされる日々だという。被害者は転居を希望しており、祐介には最低限、引っ越しにかかる費用を負担してほしいということだった。

理香子は黙ってうつむくしかなく、その間、弁護人と被害者側との間で淡々と示談交渉が進められていった。話し合いが終わり、理香子が立ち上がろうとしたところ、被害女性が理香子の顔を覗き込むようにして問いかけた。

「旦那さんの行動に、本当に気がついていなかったんですか？」

理香子は痛いところを突かれたような気がした。これまで予兆と言える出来事は何度も起きていた。その都度、夫の言い訳を鵜呑みにし、なかったことにしてきた結果が新たな被害を生み続けた。そう思うと、被害者に申し訳なくて顔を上げることもできなかった。

被害者には引っ越し費用を含めて百五十万円を支払い、示談が成立した。事件はすでに近所の噂になっており、自宅は購入したばかりの新居だったが、とても住み続けることはできず転居を決めた。度重なる心労で、理香子は流産してしまった。

母親が明かした息子の犯歴

理香子の流産に、祐介は大きなショックを受けていた。

「本当にごめん、これからは何でもする」

そう言って泣きながら懇願する夫に、理香子はこれから治療を受けることを約束させた。

流産の知らせに、祐介の母親も駆けつけ、息子が犯した罪について何度も理香子に謝罪した。

理香子は祐介の母親に、結婚式直前に起きた事件からこれまでのことを打ち明け、家族として知っていることがあればすべて教えてほしいと頼んだ。

母親は、理香子の話に涙し、重い口を開いた。やはり、祐介の異常と思われる行動は、少年時代から始まっていた。

弁護士の父と、教師をしていた母との間に長男として生まれた祐介は、いたずらや喧嘩をすることもなく、手のかからない子どもだったという。忙しい両親に代わって、妹ふたりの面倒をよく見る優しい兄でもあった。学校では成績がよく、学級委員を務めることもあった。

最初の事件は中学生の頃、祐介は女性の着替えを覗くために近所の家に忍び込んだのだった。被害者は、学校と保護者に報告したが、祐介が深く反省している様子だったことから、警察には通報しなかった。

祐介は、きれいな女性が家に入っていくところを見かけ、思わず跡をついて行き、鍵が開いていたのでこっそり入ってしまったと説明した。祐介はこのとき、大人たちから厳しく叱られたが、被害者も含め、この事件がその後、深刻な事態に発展するとは誰も考えていなかった。

高校生になった祐介は、再び事件を起こした。祐介は、女性の着替えを見る目的で跡をつけ、自宅に入ろうとしたところを住居侵入未遂罪で逮捕された。祐介の父親は弁護士だったことから、早急に知人の弁護士に依頼し、被害者と示談を済ませ、祐介はすぐに身柄を釈放された。祐介は、逮捕されたにもかかわらず、学校側にその事実を知られることなく高校生活を送ることができた。

この事件を機に両親は、祐介を精神科医のもとに連れて行き、定期的にカウンセリングを受けさせることにした。それからしばらくの間、祐介は問題を起こすこともなく、両親は、カウンセリングによって病的な行動は治ったのだと思い込んだ。

祐介は、大学入学後は実家を出てひとり暮らしを始めた。恋人ができたという話を聞いたことはあったが、結婚に発展するような気配はなかったという。祐介は、女性とのコミュニケーションが億劫だと話していたが、子ども好きで、いつかは家庭を持ちたいという願望を持っていた。同じことを考えていた理香子と結婚できたことを、心から喜んでいたという。

理香子は事件を起こした後、まるで何事もなかったかのように日常生活を送る祐介の態度もまた不思議で仕方なかった。事件のせいで家族がどれだけ肩身の狭い思いをして生活しているのか、全く理解できていないようだった。

母親も息子に対して、我が子ながらもその言動が理解できず、長年、悩み続けていたという。祐介は、事件が発覚して叱られると、そのときは落ち込むのだが、学校を休んだこともなく、試験が目前に迫っている時期でも成績に影響することはなかった。

逮捕された翌日も、世間体を気にする様子もなくいつも通りに出勤していた。普段の生活の様子からは、仕事や学業のストレスが犯行に影響しているようには考えられなかった。

祐介は事件を起こす度に、「覗いていたのではなく、ただ見ていただけ」「夢中になって追いかけていた」という言い訳を繰り返すばかりだった。母親や理香子が、覗かれた女性の恐怖感や不快感について何度説明しても、全くピンとこない様子なのだ。

被害女性への罪悪感は薄いが、妻である理香子を傷つけたことに対しては、申し訳ないと感じていることは確かだった。

「あの子の病気を治せるのは理香子さんしかいません。あれほど嫌がっていたカウンセリングもまた受けるって言っています。理香子さんに捨てられたら、あの子は生きていけません。お願いだから見捨てないで……」

母親は、そう繰り返し、泣きながら理香子に縋《すが》りついた。理香子は悩んでいた。また同じことが起き、尻拭いをさせられることはまっぴらだった。ここで離婚をしてしまいたいという思いと、せっかくここまで耐えてきたのだから、夫の病気が完治するまで添い遂げようという思いが交互に巡り、答えを出せずにいた。

理香子が流産してから、祐介はこれまで以上に優しい夫になった。帰宅時間は早くなり、家事を手伝うようになっていた。休日もふたりで出かけることが多くなった。夫婦生活も次第に増えていき、理香子は再び妊娠した。

夫の収監で迎えた最後

理香子は無事に女の子を出産し、祐介も父親になったことを喜んだ。祐介は、定期的なカウンセリングを継続しており、理香子はようやく幸せな生活を手に入れたと実感した。娘が生まれて、祐介は逞《たくま》しくなったように感じた。娘を溺愛している様子からは、再びわいせつ行為に走ることなど想像できなかった。それでも理香子は、祐介のパソコンや携帯に怪しい画像がないか、いつも密かに確認していた。

夫婦は事件後に新居から引っ越し、郊外の一戸建てを購入した。祐介は、電車ではなく車で通勤することによって、犯行に及ぶリスクを減らそうと努めていた。

数年、何事もない日々が続き、理香子はふたり目の子どもを妊娠していた。ある朝、子どもを連れて旅行に出かけようとしていたところ、ふたりの男性が自宅を訪ねてきた。警察だった。祐介は理香子に、すぐ弁護士に連絡をするように伝え、

「すぐ戻るから」

と言い、警察の車に乗り込んだ。

また始まった……。理香子はその場で、がっくりと肩を落とした。心のどこかで、いつかまたこの日が来るような予感は消えることはなかった。

いつものように、祐介はすぐに戻ってくると思われたが、今回はそうはいかなかった。

「ちょっと今回は大変なことになりました。ご主人はしばらく帰れないでしょう。事件は大きく報道されるかもしれないので、覚悟しておいてください」

理香子は弁護人からの報告に愕然とした。

祐介は、会社の女子トイレや更衣室を盗撮していた。その他、会社周辺のビルに侵入していたことも発覚しており、建造物侵入罪をはじめ、住居侵入罪などかなりの罪を重ねていた。盗撮した映像や画像はすべて、会社の机の中から発見された。

以前、理香子も勤めていた会社には、世話になった友人、知人が大勢いた。彼らにとにかく謝罪をしなければならないと、理香子は祐介の上司と会うことにした。

しかし理香子はさらに、上司から思わぬ事実を聞かされることになった。

一年前、祐介が社内のエレベーターで女性のスカートの中を盗撮しているところを同僚が見つけて問題となったことがあったというのだ。

上司が祐介の携帯を確認すると、確かに女性のスカートの中と思われる画像があった。

祐介は素直にやったことを認め、二度と同じ過ちは繰り返さないと謝罪した。

上司は祐介の言葉を信じ、目の前で画像を消去させ、厳重注意に止めて会社には報告しなかった。

「正直、大事にしたくはなかったんです。彼は優秀だし、なかなか彼の穴を埋められる社員はいないこともあって、辞めてほしくなかった。でもあのときちゃんと報告していれば、ここまでにはならなかったと思うと、申し訳なくて……」

反省するそぶりを見せることもなく、会社は自分を解雇できないだろうと高を括《くく》る祐介に、今回ばかりは弁護人も手を焼いていた。

理香子は裁判で、ふたり目の子どもを妊娠しており、他に幼い子どももいることから、父親の助けが必要であること。そして、祐介は犯罪を繰り返さないための治療中であったことなどを理由として、執行猶予付き判決を求める証言をした。

しかし、検察官は、理香子が犯行を繰り返してきた祐介を放置してきた道義的責任を厳しく問い詰めた。祐介は、「犯行によって妻とのセックスでは得られない興奮を得ることができた」と供述しており、検察官は夫婦関係は破綻していたと主張した。

理香子は、公衆の面前で、あたかも夫を性的に満足させてこなかった責任を追及されているようで、耐え難いショックを受けた。

予想以上に多くの傍聴人が訪れた法廷で、理香子は屈辱的な質問に耐え、証言したにもかかわらず、祐介は懲役二年半の実刑判決を言い渡された。

その後、理香子は再び流産してしまった。夫は当然ながら会社を解雇された。今回の事件で、示談金や被害弁償、弁護士費用など含めて一千万円以上の出費となった。住まいも手放さねばならなくなり、理香子はついに離婚を決意した。

「結婚式の日、結婚生活が終わるのは、どちらかが死ぬときではなく、夫が収監されるときじゃないかっていう予感があったんです。その予感はやっぱり、現実になってしまいました」

かつては、子どもひとりを養うのに十分な収入を得ていた理香子は、仕事に復帰しようと考えた。しかし、度重なる事件で自尊心が破壊され、突然、他人の視線を恐ろしいと感じるようになってしまった。対人恐怖症とパニック障害と診断された理香子は、しばらくの間、帽子とサングラスなしでは外出できず、食料を買いに行くのがやっとの生活だった。

離婚後、生活保護を受けて、精神科に通院しながらなんとか娘と共に生活を続けている。

親友をレイプした夫

大沢尚美（三十代）は、結婚式の写真を見ていた。親しかったかつての同僚や後輩の女性たちがウエディングドレスに身を包んだ尚美を取り囲んでいる。ここに写っている女性の中に、夫がレイプした女性がいるのだ。

被害者は、夫と同世代の三十代の会社員。妻の尚美に与えられた情報はそれだけだった。夫は事件について、保釈された後にすべてを話すと約束した。しかし保釈は認められず、真相がわからないまま裁判を迎えた。

夫とは会社で知り合い結婚し、尚美は結婚を機に退職していた。真面目で優しい夫が強姦などするはずがない。きっと何かのトラブルに巻き込まれたに違いない……。尚美は夫の冤罪の可能性を捨てきれなかった。

しかし、裁判で夫は全面的に罪を認め、尚美にとって耐え難い事実が次々と明らかにされていた。

「妻と仲はいいけど、女性としては見られない」

「うそ！　いつもラブラブだって聞いてますよ」

「妻に性的魅力は感じない……」

証拠として読み上げられた夫と被害女性とのメールのやりとりに、こんな言葉があった。被害者は自分をよく知る人物かもしれない。真由美か……、それとも優子か……。尚美のかつての同僚の顔がぐるぐると頭を巡る中で、法廷に流れた声は、意外な人物だった。

裁判では、被害者が被告人席にいる加害者と顔を合わせることで証言に影響がないように、別室での証言が法廷に流れるビデオリンク方式が取られていた。傍聴人からも個人が特定されないよう氏名も伏せられている。

「首に刃物を突きつけられて……、殺されるかと思いました。信頼していた人にここまで屈辱的な目に遭わされるなんて、事件以来、人を信じられなくなりました」

この声は、伊藤香奈に間違いなかった。かつて、尚美と最も親しかった後輩だ。この日、開廷時刻より早めに法廷を訪れていた尚美は、裁判所をうろうろしていたところ、香奈らしき女性が数人の男性と歩いているのを一瞬見かけていた。しかし、まさか夫が強姦した女性が彼女だったとは……。

あの日、夫は珍しく酔っぱらって深夜に帰宅した。帰ってくるなりそのままトイレに駆け込み、何度も吐いている様子だった。夫は酒に弱いが、すすめられると断れない性格だった。

尚美はいつまで経っても寝室に入ってこない夫を心配し、様子を見に行くと、夫はリビングのソファーに毛布をかけて横たわっていた。

夫の近くに行くと、ガクガクと体が震えているのがわかった。

「どうしたの？　大丈夫？」

尚美は驚いて声をかけると、

「風邪ひいたんだよ。寒気が止まんなくて。うつすと悪いから、ここで寝る」

夫は顔を伏せたままそう言うと、布団を頭まで被って体を丸めた。

「寝てて、お願いだから……」

余裕のない口調で夫はそう繰り返した。よほど、具合が悪いのだろう。

「ベッドで寝たらいいのに……」

そう言っても返事はなかった。尚美は心配だったが、そのままひとりで寝室に戻った。

翌朝、尚美は家のチャイムが鳴ったような気がした。早朝に自宅を訪ねてくる人に心当たりなどない。まだ寒い朝、尚美はなかなか起き上がることができずにいた。

何やらガタガタと夫が動いている音がしたので、ようやく着替えてリビングに行くと、夫の姿はなく、たったいま出かけて行った様子だった。

リビングには、昨夜、酔って帰ってきた夫の鞄の中身や脱いだ衣服が散乱していた。夫がそのままにしておくようにと普段から厳しい口調で言うので、何も触れずにそのままにしておいた。しかし、散らかった物や毛布はきれいに片づけられており、夫はだいぶ早く起きていたのだろうと思った。会社に忘れ物でもして、早めに出勤したのだろうか……。そんなことを考えているとき、夫から携帯にメールが入っていることに気がついた。

「財布を落としたようなので警察に取りに行ってきます」という内容に、尚美はホッとした。

しかしその日の夕方、尚美は実家の母親からの電話に慌ててテレビをつけた。夫の名前がニュースで流れたというのだ。ネットで夫の名前を検索すると、「強姦罪で逮捕」というニュースが飛び込んできた。

強姦犯の告白

「裁判で、香奈さんが言ったんです。事件は一生忘れることができないって。この瞬間、確信しました。香奈さんは僕のものになったって」

刑務所の面会室。大沢良太（三十代）は、アクリル板の向こうで目を輝かせながら、事件当時のことを語った。中肉中背で、育ちのよさが現れた穏やかな風貌からは想像し難い、卑劣な手口で犯行に及んでいる。良太は、住居侵入及び強姦の罪で、懲役五年の実刑判決を受けた。

尚美は、夫に実刑判決が下ったことで一度は離婚を決意した。しかし、夫がなぜ突然、仕事も家庭も失うような事件を起こすに至ったのか、尚美は裁判を傍聴しても納得のいく答えが見いだせなかった。

裁判では、犯行は泥酔した勢いによるものだったと判断されていた。しかし、夫はこれまで酒に酔ってトラブルを起こしたことなどなく、犯行当日も酩酊状態というわけではなかった。むしろ意識ははっきりしており、何かに怯えていた様子だった。

尚美は、夫が事件を起こした背景には、もっと根深い問題があるのではないかと考えていた。夫からは再三、やり直したいという手紙が送られてくるが、それを判断するにはすべてを知らなくてはならないと思っていた。

会社で尚美と最も親しかった後輩の伊藤香奈は、良太の後輩でもあった。良太は、結婚前、入社直後から才色兼備と評判の香奈に一目惚れしてしまった。香奈に夢中になり、すぐに同僚たちから情報を集めようとした。

「新入社員の伊藤さんって彼氏とかいるのかな?」

「いないって聞いたけど」

良太は思わず笑みがこぼれた。

「もしかして、おまえ狙ってんの?」

同僚のひとりが茶化すように言うと、

「まさか、それはないよな。おまえと伊藤さんじゃ、釣り合わないよ」

同僚たちは、口々に良太が高望みであると馬鹿にした。

同僚たちの反応に、良太は内心、大きなショックを受けた。周囲から見て自分と香奈が不釣り合いだとは考えてもみなかった。良太はこの瞬間、すぐに香奈との交際を諦めようと思った。同僚から笑われるようなことは、プライドが許さなかった。

良太は、小さな田舎町の出身で、裕福な地元の名士の次男として生まれた。小さい頃から勉強がよくでき、成績はトップクラスで、学校では常に中心的な役割を担っていた。大学は有名国立大学を卒業しており、同級生や親族からは羨望の眼差しで見られる存在だった。周囲からちやほやされて育った良太は、これまで自分の手に入らないものなどないような気になっていた。

しかし、大都市の企業は別世界だった。田舎で通用したことが大都市で通用するわけではない。男性として評価されるポイントは学歴だけではない。学生時代は常に輪の中心にいたが、会社では目立たない存在になっていく自分に劣等感を募らせるようになっていた。

それでも、会社で香奈を見かける度に憧れは強くなるばかりで、良太は密かに情報を集めようとしていた。あるとき、香奈に関するとんでもない噂を耳にした。香奈が部長と不倫をしているというのだ。

良太は、会社の飲み会で、なんとか香奈の隣に座る機会を作り、事実を確かめようとした。

「部長って、俺たちにとっては近づきがたい存在だけど、伊藤さんはよく話してるよね？」

「もしかして、私たちのこと疑ってます？　噂されてるって聞きましたけど、間違いですよ」

良太は胸をなで下ろした。

「私は、社内恋愛はしたくないんです。部長は結婚しているし、絶対そういう関係にならないからこそ仕事の話をしやすいんです」

良太はこのときふと、自分も結婚してみようかと思った。香奈以外の女性に興味はなかったが、香奈からいつまでも彼女すらできない男だと思われたくなかった。

香奈は高学歴で海外留学も経験しており、自分が知らない世界のことをよく知る女性だった。香奈がまだ体験したことのない結婚生活を手に入れれば、香奈から頼られる存在になれるのではないかと考えたのだ。

犯行に利用されていた妻

良太は半年後、同僚の尚美と結婚した。同期の中では最も早い結婚だった。

「尚美にとって、僕は悪い条件ではないと思ったんです。彼女はこれといったキャリアもないし、早めに寿退社した方が彼女にとってもいいと思いました」

良太は結婚後、新居を、香奈の自宅がある最寄り駅の隣に決めていた。良太は、自宅が近所だという理由で香奈に近づく機会を増やせると思ったのだ。しかも妻の尚美は香奈の先輩だ。いくらガードが堅い香奈でも、先輩の夫である自分を疑うことはないだろうと考えた。あわよくば、自宅に入れてもらえるチャンスがあるかもしれないと想像するだけで、興奮を覚えた。

この頃から、良太は香奈をレイプする妄想に取りつかれるようになった。飲み会の後に香奈とタクシーに同乗し、香奈が降りた跡をつけて部屋に押し入り、そのまま強姦に及ぶというストーリーだった。

結婚後、下心を読まれることなく、香奈との距離を縮めることに成功していた良太は、香奈に頼られる存在になろうと仕事に励み、着実に業績を上げていた。香奈とも徐々に打ち解けて話ができるような関係になっていた。

良太は、香奈と一緒にいられる時間が増えたことで心が満たされ、この頃は、強引に性的関係を持つ想像をしなくなっていた。

そんなある日、突然、香奈から会社を辞めるという話を聞かされた。香奈にとって、いまの職場は満足できる職場ではなく、すでに転職を決めたのだという。

良太は、あまりのショックに、思わずこれまで内に秘めていた香奈への思いを告白してしまった。酒も入っていたことから、香奈がどれだけ真剣に受け止めたかはわからない。

もし、香奈にもその気があれば、良太は妻と離婚し、香奈との結婚を考えたのだろうか。

「それはありません。香奈さんを知れば知るほど、僕の手に届かない女性だということがわかりました。彼女は仕事もできるし、魅力的だから他の男性からも慕われます。僕には、対等に付き合える自信がありません……」

香奈との別れが迫る中、香奈への羨望と劣等感が、良太を犯行へと駆り立てていった。

社内で行われた香奈の送別会の夜。良太は、五年間にわたって想像してきた犯行計画を実行することを決意していた。

「最後だから飲もうよ。遅くなっても僕が送っていくから」

良太は、終電の時刻を過ぎるまで香奈と同僚たちを引き留めた。深夜を回り、自宅が近いメンバーでタクシーに乗り込み、思惑通りに最後に香奈とふたりになった。良太は、これまで深夜や休日に何度も香奈のアパートを訪れ、外から私生活の様子を窺っていた。

香奈がいつものように自宅の前でタクシーを降りると、良太はすぐさまタクシー代を払い、アパートの階段を上っていく香奈の後を追った。

「香奈さん、尚美からのプレゼント渡すのを忘れてた」

良太は香奈を呼び止めると、あたかも思い出したかのように、クッキーの入った紙袋を香奈に渡した。これは尚美ではなく、良太が用意したものだった。

香奈は良太に深く礼を言い、別れを告げると、良太は帰るふりをして、階段の陰に隠れた。そして、ガチャガチャと香奈が自宅の鍵を開け、扉が開いた音を聞いた瞬間、後ろから香奈の口を塞ぎ、香奈を玄関で押し倒した。

ポケットに忍ばせていたナイフを突きつけ、言うことを聞くように脅しながら、香奈をレイプした。

良太は事が済むと、走って自宅まで逃走した。良太は、強姦された女性は事実を隠すものだと思い込んでおり、警察を呼ばれるとは考えていなかった。しかし、すぐに警察に通報され、翌朝、良太は警察から出頭を求められることになった。

「とても緊張していて……、全力で走ったので気持ちが悪くなり、自宅のトイレで嘔吐しました。逃げる途中、香奈さんの悲鳴が聞こえたような気がしました。万が一通報されたらと思うと、その夜は怖くて眠れませんでした」

犯行について、後悔しているか尋ねると、

生活困窮に陥る妻

「後悔はしてません。ああするしかなかった……」

良太はそう言って、泣き崩れた。それが良太の本心だった。

「もちろん、強引なことはしたくなかった。いや、もし、香奈さんと一緒に働けるなら、それでよかった。急に会えなくなるなんて、どうしても耐えられなかった。僕のこと、どうしても忘れてほしくなかった……」

良太はそう言いながら泣きじゃくっていた。裁判では、「反省している。一生かけて償う」など、ただ通り一遍の謝罪ばかり繰り返していたが、本当に被害者に伝えたかったことは何だったのか。

「香奈さんを、愛していたということです。これまでも、きっとこれからも……」

事件後、良太は拘置所で謝罪文として何通もの手紙を被害者の香奈宛てに書いていたが、その内容はすべて謝罪というより愛の告白であり、弁護人から不適切だと言われ、被害者に送られることはなかった。

尚美は、裁判傍聴の帰り、いつものように生活費を下ろそうと、銀行のキャッシュコーナーに立ち寄った。すると、残高不足でお金を引き出すことができなかった。そんなはずはない。尚美が残高を調べると、数百円しか口座に残っていなかった。尚美は、夫の弁護人に通帳を預けたことを思い出し、急いで電話をかけた。

電話を受けた弁護士は、通帳はすでに夫に返したという。五百万円以上あった通帳に残高が数百円とは一体どういうことなのか。

「示談金として五百万円を支払っていますし、弁護士報酬もお支払いいただいているからもしかしたら……」

「示談金五百万？」

尚美にとって初めて聞いた話だった。

「ええ、良太さんはご家族で話し合って決めたとおっしゃっていましたけど……」

尚美は慌てて夫がいる拘置所に向かった。申し訳なさそうに面会室に現れた夫に詰め寄ると、またいつものようにごめんと言って泣き出した。泣きたいのは尚美の方だった。

「私はどうやって生活すればいいの？」

「ごめん……。裁判のことばっかりで、考えてなかった……。うち（実家）に行って。おふくろに手紙書くから」

夫はそう言い残した。尚美は途方に暮れてしまった。夫が服役する以上、働きに出なければならなくなることは覚悟していたが、しばらくは貯金でなんとかなると考えていた。お金がない……。尚美にとって初めての経験だった。財布を見ると、一万円ほどしか入っていない。尚美は自宅に戻るなり、本や洋服など売れそうなものを処分して僅かな現金を確保した。

被害者への支払いは仕方ないとして、夫から一言相談があったなら、急にこんな惨めな思いをしなくて済んだはずだ。尚美は悔しくなり、涙が込み上げてきた。

来月から家賃やカードの支払いもできなくなってしまう。引っ越そうにも引っ越しの費用が捻出できない。夫が病気や事故に遭うことを考えて、いくつもの保険にはきちんと入っていた。しかしまさか、夫が罪を犯すなど夢にも思わなかった。自分たちのようなごく普通の夫婦は、犯罪の被害者にはなっても加害者側になることなどあり得ないと考えていた。朝、目が覚める度に、現実こそが悪夢に思え、気が狂いそうになった。

　尚美は、数日間自宅に籠ったまま、まともに食事をとることもできなかった。尚美の両親やきょうだいは健在だが、とても尚美を受け入れる経済的余裕などなかった。それでも、生活保護を受ける覚悟はできず、当面の現金だけでも借りようと実家に電話をした。

「親の育て方がよっぽど悪かったんでしょうね。あんな田舎者と結婚させるんじゃなかった。未だにうちには一言の謝罪もないじゃない！」

　電話に出た母親は、良太が実刑判決を受けたことを聞くなり怒り出した。

「もう離婚は済ませてるんでしょ？」

「それはまだ……」

「どうして？　なんで早く離婚しないの？」

　尚美は、電話を切った。尚美の両親は、離婚を急かすだけで、少しの援助も期待できなかった。

　離婚して何かが得られるというならすぐに離婚する。良太の親の育て方にも問題があったのだろうが、専業主婦こそが女の道だという母の教育は、本当に間違っていなかったのだろうか。尚美は自分の育った環境を振り返っていた。

そんなことを考えているときに、自宅の玄関のチャイムが鳴った。夫の両親が訪ねてきたのだ。夫の母親は、元々痩せていた尚美がさらに痩せた姿を見て驚いていた。良太から手紙が届き、尚美の生活費を援助してくれるという。そして意外にも、尚美にしばらく自分たちと一緒に暮らさないかという話を持ちかけてきたのだ。

「尚美さんもまだ若いから、良太の出所を待っていてとは言わないけれど、急に仕事と言ってもいまは厳しいでしょうし、よかったら……」

尚美は、これまで夫の家族によい印象は抱いていなかったが、渡りに船だ。いまは頼りにするしか選択肢がなかった。

それでも妻は離婚しない

「これまで夢を見ていたんだと思います。現実に戻って、田舎でやり直します」

受刑者となった良太に、出所後の計画を尋ねると、実家に戻って家業を継ぐ予定だという。両親は旅館を経営しており、良太に任せることを決めたということだった。

良太は、当然尚美がついてくるものと信じて疑わなかった。

「何があってもこの先、尚美はついてくると思います」

と、離婚の可能性をきっぱり否定した。

「尚美が生きていくうえで、主婦以外の選択肢はないと思うので」

良太は決して汚い言葉を使うようなことはないものの、完全に妻を見下し、支配下に置いていることが伝わってきた。

さらに気になることは、いまなお残る被害者への執着心だ。

「香奈さんとは、事件によって成就できたと思っているので、もう二度と近づきません」

もしまた彼女のような女性が目の前に現れたらと尋ねると、

「香奈さんは、一生憧れの女性ですから、似たような雰囲気の女性が現れれば気になるとは思います。でも、だからこそ、二度と危険に近づくことはしません」

良太は、自分が逮捕されるとは考えていなかった。逮捕された後も、すぐに釈放されるものと思い込んでいた。起訴された後も、示談金を払ったのだから、当然執行猶予がつくとばかり思っていた。それが、五年間も刑務所で過ごさなくてはならないとは想像もしていなかった。

「ここ（刑務所）は、夏は死ぬほど暑いし、冬も死ぬほど寒いんです。トラブルに巻き込まれないかといつもびくびくして生活しています。こんなところ一日でも一時間でも早く、出たい。さすがにもう、こんな思いは懲り懲りです……」

良太のような性犯罪者は、刑務所内でいじめに遭うことも多く、罪名を隠して受刑している。懲役五年という判決は、良太を改心させるのに妥当な年数だったのかもしれない。

事件の真相のすべてを知った尚美からは意外な答えが返ってきた。

「本当のことがわかってよかったです。すっきりしました。でもいまは、夫を待とうという気持ちになっています」

尚美は、夫の実家がある田舎での生活に馴染んでいた。

「夫の親族は、これまで私を完全に見下していました。田舎者のコンプレックスもあると思いますが、一応、地元の名士ですから。それが、いまは尚美さん尚美さんって、お客さんのようにもてなしてもらえるようになりました」

良太は尚美にとって、理想の夫なのだという。いつも夕飯の時間には帰宅し、休日は買い物や旅行に連れて行ってくれるという。誕生日や結婚記念日を祝うことも忘れず、毎月きちんと給料を入れてくれていた。

「夫に香奈のような女性は向いていません。事件を起こしたことで、現実を思い知ったと思います。夫の言うように、田舎で一からやり直したいです」

良太が出所したら、子どもを産んで田舎でのんびり育てたいと語った。

犯人の妹は離婚

良太は離婚を避けられたにもかかわらず、新婚だった良太の妹である麻美（二十代）は、事件の影響で離婚を余儀なくされた。夫の両親から、子どもができる前に別れてほしいと言われたのだ。良太の罪を許すことはできず、親族として関わり続ける限り、度々問題として浮上するだろうから、互いに若い間に相手を選び直した方がよいというのだ。麻美は返す言葉もなかった。

離婚を決定づけた原因は、他にもあった。両親は、良太に家業の旅館を継いでほしいと考えてきたが、良太はどうしても地元を出ると言って聞かなかった。両親は仕方なく、いずれは麻美の夫に継いでもらうしかないと考え始めていた。

麻美の夫にとっても悪い話ではなく、その気になっていたところに良太が事件を起こした。すると両親は突然、家業は出所後の良太に継がせると言い出したのだ。麻美の夫は面白くなかったに違いない。

「旅館を継ぐ話が消えてから、夫は私に指一本触れなくなりました。そのままあっけなく離婚しました」

地元では、良太が起こした事件は多くの住人の知るところとなっていた。それでも聞こえてくる声の多くは、

「良ちゃんは真面目だから、きっと悪い女性に騙されたんでしょ」

と、良太に同情的だという。

両親は、離婚した娘に、実家に戻り旅館を手伝うようにすすめたが、麻美は地元を離

れることを決意した。

「あの地域では悪者にされるのは常に女性、男の尻拭いをさせられるのも常に女性です。兄のしたことは許せません。兄を庇《かば》う両親や尚美さんにもついていけません」

麻美の話によると、良太と麻美にはもう一人、長男である兄がいて、軽度の知的障がいがあり、実家近くの食堂で働いているという。両親が、長男の障がいに気がつくまでには、かなりの時間を要していた。長男は、家を継ぐことを期待された存在だっただけに、両親の落胆は激しかった。

良太と麻美は幼い頃から、父親に度々暴力を受けている長男の姿を見て育っていた。

長男の障がいがわかってからは、父親の怒りの矛先は母親に向けられるようになった。母親は、長男のことで親族中から責められていた。

「あいつ（長男）は俺の子なんかじゃない！　浮気してできたんだろう！」

そう言って、父親は何度も母親を殴りつけていたという。麻美は、夜中に泣いている母親の姿を何度も目撃していた。母親は、夜中に長男を殺して自分も死のうと思ったことが何度もあったという。

一方、次男である良太は、言葉を覚えるのが早く、成長するにつれて学校の成績もよいことがわかると、母親は良太を溺愛するようになった。家族での食事も旅行先もすべて、常に良太の意見が優先された。大学に進学する人も少ない町で、一流大学に合格した頃から、良太は親族の中でも地域でも絶対的な存在となっていた。

一般的には順風満帆なサラリーマン生活を送っているように見えていた良太だったが、社会人になるまで挫折を経験したことがなく、過剰にもてはやされて育った良太にとっては、事件前はストレスの多い生活だったのではないかと麻美は話す。

麻美には、夫の暴力が原因で離婚し、東京で同じような経験を持つ人々の支援活動を始めている友人がおり、その友人を頼りに上京した。家族に振り回されることなく、女性ひとりでも自立できる生活を手に入れたいと、アルバイトをしながら資格取得に励んでいる。

よき夫（ただし犯罪者）と離婚すべきか

性犯罪というと、モテない男性が性欲を満たすためにするというイメージがあるかもしれませんが、加害者に家族や恋人がいるケースも少なくありません。

夫が手を染めたのが性犯罪だった場合、妻としては屈辱的な思いをします。離婚するのは当然と思われるかもしれませんが、即座に離婚を決断する人はほとんどいませんでした。理由は、加害者である夫が家庭では「よき夫」「よき父親」であるケースが多いからです。

夫の逮捕を初めて知った妻たちは、まず夫の冤罪を疑いました。真面目で勤勉な夫が犯罪に手を染めることなど、日常の様子からは想像もつかないからです。セックスレスだった夫婦もいますが、そうではないケースも数多く見られました。

本章で紹介した加害者は、一流企業で働いており、社会的に成功を収めている男性でした。浮気をしたこともなく、暴力を振るうこともない、妻にとっては理想の夫だったのです。

加害者は成績優秀で、親から将来を期待されたエリートとして育ちました。しかし、思い描いていた未来とは違った現実に不全感を募らせ、女性の羞恥心を支配することで満たされない感情を埋めていたように思えます。

加害者の社会的地位が高く、家庭でも特に問題がないというケースでは、加害行為が軽視され、犯行をエスカレートさせてしまっているケースが多く見られます。

犯行が常習化している場合、専門家の援助なくして問題解決に向かうことは難しいでしょう。

加害者が適切な治療を受けることになったとしても、行動改善までには時間を要します。

常習者と家族関係を続けていくならば、再犯のリスクは考慮に入れておかなくてはならないでしょう。

第二章「普通の家族」は幸せなのか

子どもがいないという劣等感

「まだ？　なんで？　って、子どもがいない理由をいつも聞かれるんです。それがとにかく苦しくて……、何としてでも子どもを作らなくちゃいけないと必死でした」

石原雅美（四十代）の夫、隆弘（四十代）は、強制わいせつ罪で逮捕された。夫婦は子どもがなかなかできず、数年前から不妊治療を始めていた。子どもがほしいと思っていた夫婦は、セックスレスではなかった。そんな夫が、なぜ性犯罪に手を染めることになってしまったのか。

雅美は大学を卒業後、中小企業に入社し、結婚を機に三十歳で退職した。三十歳を目前にした雅美は、仕事にやりがいを感じることもできず、次々と寿退社していく同僚を見て焦りを感じていた。ちょうどその頃、友人を介して、繁華街で飲食店を経営している隆弘と知り合い結婚した。

結婚当初、隆弘の経営する店はメディアでも度々取り上げられ、売り上げを伸ばして店舗数を拡大していた。しかし、従業員の教育が追いつかないなどトラブルが重なり、その後、経営は悪化の一途を辿った。雅美は、夫の事業が安定するまで、契約社員として再び働きに出ることにした。

雅美の友人となったのは、同世代で契約社員として入社した四人の女性たちだった。四人とも既婚で幼い子どもがおり、キャリア志向というより家計を助けるために働いていた。いつも話題の中心は子どものことで、子どものいない雅美には退屈に感じる瞬間もあったが、友人たちは唯一の居場所となっていた。

夫は明け方に帰宅することも多く、土日も休みではない。雅美が働き出してからすれ違いが続き、気がつけばセックスレスになっていた。雅美は早く子どもを作らなければと、面倒くさそうな夫を急かして夫婦生活を再開させた。

しかし、数年が経過しても子どもは授からなかった。相変わらず子どもの話で盛り上がる友人たちの会話に、取り残されていくような孤独を感じることが増えていった。そんな雅美の様子を心配した友人たちは、不妊治療をしてみてはどうかとすすめた。不妊治療は経済的負担が大きく、体力的にも厳しいと聞いていた雅美は乗り気ではなかった。

「諦めちゃやだめだよ、絶対後悔するよ。もう三十五なんだから早く始めた方がいいよ」

「あたしたちキャリアがあるわけじゃないんだから、持つべきものは家族だよね」

こうした会話に、雅美は焦燥感を募らせた。

一方、夫の隆弘は、ふたりだけの生活に不満はなく、無理をしてまで子どもを持たなくてもよいのではないかと言った。

雅美は悩んだ。友人たちに本音は言えず、カウンセラーに相談してみた。女性の悩みを専門にしているというカウンセラーは、独身女性や子どものいない夫婦とも仲よくすることやペットを飼うこと、趣味や資格を持つことなどをすすめたが、雅美にとって納得のいく選択肢を見つけることはできなかった。

同じ会社の正社員には未婚の女性も多かった。雅美は、カウンセラーの助言通り、思い切って時々話をする女性を食事に誘ってみた。正社員で独身の彼女は、お洒落なレストランにも詳しかった。雅美が友人たちと食事をする店とは値段も雰囲気も異なり、すぐに居心地の悪さを感じた。会話も弾まず、近づいたことをすぐに後悔した。雅美は、キャリアウーマンの女性たちとは金銭感覚が違い、対等に付き合えないと感じた。

契約社員の未婚女性たちは、雅美の友人たちから見下されていて、常に悪口を言われる対象だった。雅美は、友人たちが密かに設定している女性社員のカーストの中で、子どもがいない自分は下位に置かれているかもしれないという不安に苛《さいな》まれていた。

仕事を終えて帰宅する時間、たいてい夫は働いており、夕食はひとりで済ませることが多かった。

夫の店が繁盛していた頃は、フラワーアレンジメントなどの趣味にお金をかけたり、お洒落をして外出することが多かったが、いまはそうした金銭的余裕はない。雅美は夜、ひとりで過ごす孤独が永遠に続くかと思うと不安になり、何としてでも子どもを産まなければならないと考えるようになっていった。

不妊治療のストレス

「○○ちゃんのとこ、ふたり目だって。あの子、私と同い年だよ。このまま一生ふたりだけだと思うと怖いよね……」

雅美は、だんだんと子どもができない焦りを口にするようになった。隆弘の悩みは、妻とのセックスが、自然な流れで愛し合うのではなく、もはや義務になり、性的興奮を得られなくなっていたことだった。

ある日、仕事で疲れていた隆弘は、子作りをせがむ雅美をかわしながら、ベッドに横たわったままだらだらしていた。すると、キッチンで、ガシャンと食器が割れる音がした。隆弘が起き上がってキッチンへ行くと、雅美は狂ったように食器を壁に投げつけ始めていた。

隆弘は、泣きながら暴れる雅美を宥めようとした。

「特別なことは何も望まないから、普通の家族にさせてよ！」

雅美はそう叫び、泣き続けていた。隆弘はショックを受けた。子を授かるという普通の幸せさえも与えられない自分は、男として情けないと感じた。ついに隆弘は、不妊治療を受けたいという雅美の願いを聞き入れることにした。

隆弘は、子どもがほしくないわけではなかったが、経営難で借金を抱えている状況で、不妊治療のためにさらに借金をすることに抵抗があった。せめて返済が終わる二年後にと考えたが、一日でも早く子どもがほしい雅美は聞く耳を持たなかった。

雅美は、実家の両親に事情を話し、しばらく経済的に援助してもらう話を取りつけていた。雅美の話によれば、孫の顔が見たいという両親は喜んで援助してくれると言うが、隆弘は、雅美が夫婦のプライベートなことを実家の両親に勝手に話したことが気に入らなかった。そして、自分の店の経営がうまくいっていないことを雅美の両親に知られてしまったことにも、プライドを傷つけられた気がした。

子どもがほしいという願いは一致しながらも、このことを境に、夫婦の精神的な距離は少しずつ離れていった。

隆弘は、夫婦生活に不満があっても、仕事が多忙を極める最中に喧嘩は避けたいと、できるだけ妻の求めに応じるようにしていた。しかし、だんだんと体が反応しなくなっていった。隆弘は、いつの間にか雅美を避けるために、仕事が忙しいふりをして、雅美が出勤する頃自宅に帰る生活を送るようになった。

ある日、隆弘の店で閉店後、アルバイトの若い女性が酔いつぶれて寝ていたことがあった。隆弘はしばらくして、ソファーに横たわって熟睡している女性を見ているうちに、触れてみたいという衝動に駆られた。

女性には、肩から膝までタオルがかけられていて、短めのスカートから素足が見えていた。隆弘は、思わず脚やお尻に軽く触れてみたが、反応はなかった。しばらく下半身を触り続け、スカートの中に手を入れた瞬間、女性は目を覚ました。まずいと思ったが、女性は寝ぼけていて、ゆっくりと起き上がりトイレに向かった。

隆弘は、その後、彼女を車で自宅に送り届けたが、気まずい雰囲気はなく、彼女は体を触られていたことには気がついていないようだった。

隆弘が興奮状態で自宅に帰ると、妻は熟睡していた。隆弘は、無防備な妻の寝姿にさつき女性の体に触れた感触を思い出し、寝ている妻を無理やり抱いてしまった。

久しぶりのセックスで、朝起きた雅美の機嫌もよく、思わぬことで夫婦関係は改善したと思われた。

妻を抱くために刺激を探す日々

この頃から、隆弘は、無防備な女性の寝姿に性的興奮を覚えるようになった。不妊治療を始めてから雅美はどこか苛立っていて、「排卵日だから」「早く」と急かされる度に、気持ちが萎えてしまっていた。

隆弘は、明け方に仕事を終えて帰宅する途中、駅周辺で泥酔して寝ているような女性がいないか、車の外を見るようになった。それまでは疲れきっていて、外の景色など気にしたことなどなかった。さすがに寝ているような女性はいないが、まだ薄暗い明け方にときおり、ひとりで歩いている女性の姿が目に入るようになった。

隆弘は、この頃から通勤手段をバイクに変えた。明け方ひとりで歩いている女性を見つけると、近づいて下半身を触って逃げた。大声を出されるようなことはなく、何度か同じ行為を繰り返した。次第に、軽く触れるくらい、女性にとって大したことではないと思い込むようになった。犯行によって性的興奮を得た隆弘は、そのまま帰宅し、熟睡している妻を抱いて欲求を達成することができるようになった。

隆弘の痴漢行為は徐々にエスカレートしていった。帰宅途中にひとりで歩いている女性を見つけられることなど、そうめったにあることではなかった。隆弘は、深夜から明け方にかけて、ひとりで歩いている女性を探すために徘徊し、あちこちで痴漢行為を繰り返した。

犯行を繰り返すうちに、女性に大声を上げられることもあった。一度などは女性の反撃にあい転倒し、怪我までした。隆弘は、捕まるかもしれないという不安に苛まれるようになったが、その不安を興奮で打ち消そうとさらなる犯行に及んでいた。

ある日、隆弘は強制わいせつ罪で逮捕された。隆弘のバイクのナンバーは複数の被害者に目撃されていたのだ。しかし約半年の間に重ねた数十件の犯行に対し、立件されたのは三件だけだった。

隆弘は罪を認め、被害者と示談できたことから執行猶予付き判決を得ることができた。幸いなことに、店を手放さずにこれまで通り仕事を続けることもできた。隆弘は、犯行当時を振り返って語った。

「妻の期待に応えられない劣等感を、力の弱い女性を思い通りにすることで埋めていたんだと思います……」

雅美が事件を知ったのは、逮捕から数日が経過した後だった。自宅で顔を合わせない夫は、仕事が立て込んでいるのだろうと考えて疑わなかった。

ある日突然、夫の名前で見知らぬ住所から手紙が届いており、封を切ると、

「○日に逮捕されて、○○警察署にいます。離婚届を書いて持ってきてください。迷惑をかけてすみませんでした」

と、確かに隆弘の筆跡で書かれていた。何かの間違いではないかと驚いた雅美は、慌てて警察署に向かった。

面会室に現れた夫は、ひたすら泣いて謝るだけだった。

事件は大きく報道されることもなく、雅美の会社に知られるようなこともなかった。隆弘の親族も、雅美の親族も事件のことは知らないままだ。雅美は淡々と離婚の手続きを進め、会社を辞めて自宅を引っ越した。両親には、いつまで経っても子どもができないので隆弘と離婚すると告げた。

雅美は離婚後、再就職し、夜は資格を取るための専門学校に通った。専門学校のパンフレットには、シングルマザーで働きながら難関の資格を取得し、自立した生活を送る

女性の体験記が綴られていた。雅美は自分も彼女のようになりたいと思い、入学を決意した。学校には、雅美と同世代の離婚を経験した女性や、キャリアアップを目指す男性が沢山いた。本音で話ができる友人ができ、その後、恋人もできた。事件ですべてを失った後、こんな幸せな日々が訪れるとは想像もできなかったという。

「事件ですべてを失いました。それでも、正直、楽になったところがあるんです。普通の家族に追いつこうと、すごく無理をしていたので……」

雅美はようやく、自分らしい人生のスタートを切った。

人の悪口で団結する夫婦

「健太君はいいわね。お父さんとお母さんがいつも仲よくて」

山口健太（二十代）の両親（五十代）は、共に自営業を営んでおり、地域では有名なおしどり夫婦だった。学校の参観日や地域の行事には、必ずふたりで出席していた。ひとり親家庭が増えている中で、山口家は理想の家族として周囲から注目されていた。

その一家に突然、事件が起こった。健太が自宅に放火したのだった。幸い、家族は無事で、健太も軽いやけどを負っただけで済んだ。

健太は、家族を殺して自分も死のうと思ったという。

「ここ（拘置所）は、家よりずっとマシです」

何不自由なく育ってきたはずの健太だったが、他人からは見えない悩みを抱えて生きていた。

おしどり夫婦と言われている両親だったが、家の中では口論が絶えなかった。

「お父さんの家系はみんな見栄っ張りだからね。大したお金もないくせに」

「お姉ちゃんの気が利かないところは母さんそっくりだ」

健太は、両親のどちらかがいないとき、必ず一方の悪口を聞かされていた。健太には、四歳年上の姉がいたが、小さい頃から一緒に遊ぶこともなく、話をすることもほとんどなかった。食卓に四人揃うものの、会話をすることもなく、テレビドラマであるような一家団欒《いっかだんらん》といった和やかな雰囲気を感じたことは一度もなかった。

普段、険悪なムードの両親でも、悪口を言うときは団結していた。

「日本は犯罪者に甘い。少年犯罪なんて死刑だ。親も死刑にすればいい」

食事時にテレビから流れる事件報道を見ては、犯罪者は厳罰にすべきと言っていた。「『シングルマザー』なんて偉そうに。結婚に失敗しただけじゃない。ああいう母親から犯罪者が生まれるのよ。健太はよかったわね、そんな家庭に育たなくて」などと、平然と偏見を口にするのだった。

こうした言葉に、健太は酷く傷つけられたことがあった。健太は女性に興味が湧かず、自分は同性愛者ではないかと思い、誰にも打ち明けることができずに悩んでいた。そんなある日、ＬＧＢＴに関する報道を見た両親は、

「同性愛なんて世の中おかしくなったよな。ゲイなんて、モテない男ってだけなんじゃないか？」

「私もそう思うわ。女の子と付き合えば治るのよ」

両親はいつも、自分たちが理解できないことは異常と決めつけ、理解しようとはしなかった。

健太のクラスメートでもひとり親家庭の子どもは珍しくなかったが、健太はいつも母親から、ひとり親家庭の子どもたちと仲よくしてはいけないと言われていた。母親は、

健太の友達関係にも細かく口を出すため、健太はなかなか友達ができずにいた。

学校でも家庭でも孤独だった健太の心の支えは、母親の妹である叔母だった。叔母は、離婚歴があり、母親が嫌いなシングルマザーだったことから、健太はいつも母親から叔母の悪口を聞かされていた。

それでも健太は叔母が大好きで、叔母の家に行っては犬を可愛がったり、いとこに面倒を見てもらっていた。

健太の両親は、親族以外で親しい付き合いをしている人はいなかったが、叔母は友達が多く、物知りだと感じていた。健太は、叔母の家に生まれてくればよかったと思った。両親が、叔母やいとこを悪く言う度に胸が痛んだ。

健太の進学を巡って、両親の喧嘩はますます激しくなっていった。父親は、何としても健太に店を継がせたいと言い、母親は大学に進学して公務員になれという。

「爺さんの代から続いている店なんだから、つぶすわけにはいかないんだ!」

「とにかく大学だけは出なさいよ。いまの時代、大学も出てないなんてみっともない!」

「みっともなくて悪かったな!」

両親は、健太の意志など聞く耳を持たず、延々と口論を続けるのだった。

健太は、家業を継ぐことによって両親と同居が続くことだけは避けたいと思い、地元を離れた大学を受験したが、失敗してしまった。

「ほらな。母さんのせいだ。健太に大学なんて無理なんだ」

「A大学はレベルが高かったのよ。地元のB大学なら来年受かるでしょ。無理しなくていいのよ、家から通えるんだし」

母親が言うように、地元のB大学なら合格できる自信があった。それでも敢えてA大学を受験したのは、実家を離れたかったからだ。健太は、早く自立ができるようにアルバイトをしたかったが、両親は、帰りが遅いと心配だとか、悪い仲間ができたら困るなどと言って、どうしても許してはくれなかった。

勉強に身が入らないまま、だらだらと浪人生活が続いた頃、健太は焦り始めていた。B大学に入るつもりはなく、いまの成績では合格できる自信もなかった。高校卒業後、友人とも連絡が途絶え、ひとりで自宅と図書館を往復する日々に、苦しくて発狂しそうになる瞬間もあった。

両親の奴隷のような息子

大学受験が差し迫る中で、ついに限界が訪れた。

「大学受験はやめる」

健太は、ある日、思い切って両親にそう告げた。

「こんな時期にどういうこと？」

健太の告白に母親は狼狽《うろた》えていた。

「しばらく叔母さんの紹介で、牧場で働かせてもらうことにした」

「なんですって？」

「動物に関わる仕事がしたい。お金を貯めて専門学校に行って……」

健太の夢と計画を両親は大声で否定した。母親は、怒り狂ったように鞄から携帯を取り出し、電話をかけた。相手は、叔母だった。

「あんた、一体どういうこと？　健太に変なことを吹き込まないでよね。もう、これから健太と会うのはやめてちょうだい！」

そう言うと、すぐさま電話を切った。

「クソババア！」

健太は生まれて初めて大声で怒鳴った。

「お前、母さんになんてこと言うんだ！」

「父さんだっていつも言ってるくせに！」

「お願いだから静かにして。近所に聞こえたらどうするの。もう遅いんだから今日は寝ましょう。健太も頭を冷やして」

騒ぎが近所に伝わることを気にした母親は、父と子の口論を遮り、問題を保留にしたまま父親を寝室に連れて行った。

健太の怒りは収まるどころか、怒りが体中に込み上げてコントロールが効かないほどだった。一生両親の奴隷になるくらいなら、死んだ方がましだ……。そう思いながら居間に火を放った。

「周りには貧困家庭とか、虐待されているような子もいて、僕は恵まれていると言われていました。周囲に家族のことを相談しても、甘えているだけだと言われて、全く理解してもらえませんでした。だんだん、自分が本当にダメな人間なんだと思うようになって、生きていても仕方がないと思ったんです」

両親と姉は、事件後、逃げるように地元を離れた。叔母は面会に来てくれており、釈放後は両親のもとではなく叔母の家に世話になるという。

母親は、健太が妹になついていることをよく思っておらず、妹の世話になることを頑なに拒否していた。ところが息子が犯罪者になった途端、叔母の養子になることをすすめたという。

伝統的な家族像の弊害

多くの加害者家族の生活に関わる以前、私には、犯罪者がいる家族には一定の傾向があるのではないかという偏見がありました。ひとり親家庭やひとりっ子などの家族形態から生まれやすいのではないかと考えていたのです。

しかし、一千組以上相談を受けてきた家族の形態は実にさまざまで、母子家庭も父子家庭も多子家庭もありましたが、最も多く見てきたのは、両親ときょうだいのいる中流家庭でした。

「幸せな家族とはどういう家族でしょうか？」という質問に、本章で紹介した加害者家族たちは「普通の家族」と答えました。

「普通」について問うと、「両親が揃ってきょうだいがいる家族」と、いわゆる伝統的な家族像に添う家族こそが幸せと考えていたようです。

しかしながらその結果、悲劇が起きました。もう少し、「普通」という枠組みから自由な考えを持っていれば、犯罪にまで発展しなかったのではないかと思います。

このような内面の幸福感より世間体を重視する人々は、日本のような同質社会では少なくないかもしれません。紹介した加害者家族にとっての「普通」とは、友人や親族などごく身近な人たちの価値観を基準に成り立っていました。

視野が狭く、なおかつ「普通」への並々ならぬこだわりは、子どもができないなど、「普通」という要件を満たすことができない事情が生じたとき、人々を追いつめることになるのです。

第三章　「よくできた妻」の悲劇

エリートの息子が痴漢で逮捕

「私はお義母さんみたいに『よくできた妻』じゃありませんから。申し訳ありませんが、息子さんとは縁を切ります。娘たちも痴漢するような人間を父親とは思わないと言っています」

そう言い残し、長男の嫁は去っていった。上山ハル（八十代）の長男、正義（六十代）は、銀行員として安定した生活を送っていたが、定年を前に突然、電車内で痴漢をしたとして逮捕されてしまった。エリート銀行員が犯した破廉恥な犯罪は、各メディアが大きく取り上げ、会社だけでなく家庭にまでマスコミが押し寄せる事態となった。

正義は懲戒解雇となり、妻からは離婚を切り出され、慰謝料と養育費の支払いで家も財産も失ってしまった。親族から絶縁状を叩きつけられた正義は、母親の暮らす実家に転がり込むしかなかった。

正義は、すぐに再就職先を探したものの、プライドが高いゆえに満足のいく条件の仕事を見つけることができなかった。僅かな貯金を切り崩していき、結局、母親の年金を頼りに生活する高齢ニートになってしまった。

ハルは、それでも長男を溺愛し、経済的な援助を躊躇《ためら》わなかった。ハルは、長男が犯罪に手を染めるようになった原因は、息子の妻にあると考えていた。

正義の妻はキャリアウーマンだったが、家事はほとんど手抜きで、息子には物足りない女性だと思っていた。正義は、母親の作る料理が食べたいとよく実家に戻ってきていた。アイロンがけが行き届いていないシャツやボタンが取れかかったスーツなど、妻は全く夫の面倒を見ていないことが手に取るようにわかった。

正義は仕事ばかりしていて婚期が遅れ、家庭的な女性はすでに皆、誰かと結婚してしまっていた。ハルは、男勝りでガサツな妻に虐《しいた》げられる息子を不憫《ふびん》に思っていた。すべてを失ってしまった息子が頼れるのは自分だけだと、いまは存分に甘えさせてやりたいと思った。

ハルの夫は重役まで上り詰め、息子三人とも一流大学を卒業した。男たちのためにすべてを捧げてきた人生だったが、なぜここまできてこのような屈辱的な思いをしなければならないのか、ハルは悔しくてたまらなかった。もし夫が生きていたら、大変なショックを受けたに違いない。

「ハルさんくらい、よくできた母親なんていませんよ」

「短いスカート穿いて電車に乗るような女が悪いんですよ」

「肌を出したり、夜遅くに出歩いたり、いまの若い子たちはどうかしてますよ」

事件後、友人たちはそう言ってハルを慰めた。ハルは人前で口にこそ出さなかったが、心の中では息子も自分も悪くないと考えていた。

ハルの怒りの矛先は、息子ではなく女性たちに向けられていた。ミニスカートで通学する女子高生、夫を庇うそぶりさえ見せず切り捨てた息子の妻、息子の妻にそっくりな薄情な孫たち。自分は女性として正しい生き方をしてきたと信じて疑わないハルは、非常識な女性たちから一斉に自分の人生を否定されたような気がした。

正義は、年金が支給される年までなんとか収入を得ようと、毎日のように仕事探しに出かけていた。いつも夕方には帰ってくるはずだが、その日は夜になっても帰ってこなかった。ハルは、正義が思い詰めて自殺でもしたのではないかという不安に襲われた。しばらくして電話が鳴ると、警察署からだった。正義が、強制わいせつ罪で逮捕されたというのだ。

事件は翌日、地元紙に大きく報じられていた。報道によると正義は、帰宅途中の小学生の女の子の跡をつけ、人気のないところで体を触るなどのわいせつ行為をしていた。この地域では、女子児童が中年男性に話しかけられたり、跡をつけられるといった被害が多数報告されており、警察は余罪がまだあると見てさらに捜査を進めているということだった。

前回の事件では、友人たちが心配してすぐに連絡をくれたが、今回の事件の後は、誰ひとりハルを気遣う人は現れなかった。毎週、ハルの自宅で開いていたお茶会にも、誰も訪ねてくる人はいなかった。

この地域には子どもの頃の正義を知る人も多く、痴漢で逮捕されて戻ってきても皆、温かく迎えてくれていた。

しかし、今回は、幼い児童が複数被害に遭っており、ハルたちを庇う人はいなかった。ハルは、このままここに住み続けていられるか不安になっていた。

ハルが警察署に面会に行くと、正義は泣きながらハルに謝罪した。警察官から聞いた話では、正義は数カ月前から小学校付近をうろついている姿が目撃されており、仕事を探している様子はなかったという。

「母さんすまない……。自分でもどうしようもないんだ。止められないんだ……」

正義は、そう言って泣き崩れていた。

アクリル板の向こうで泣く息子の姿を見ながら、ハルは、亡くなった夫のことを思い出していた。息子は、父親によく似ていた。正義の父親もまた、過去に同様の事件を起こしていたのだ。

結婚しか生きる道がなかった

ハルの両親は、日本に移住してきた中国人だった。日本に来たばかりの頃は裕福だったが、だんだんと経営は傾き、ハルが幼い頃は小さな食堂を開いてなんとか生計を立てていた。

ハルの夫となる正吉は近所に住んでおり、ハルより十歳近く年上だった。ハルは、中国人だということでよくいじめに遭っていたが、正吉はハルをいつも助けてくれていたという。正吉は幼いハルを可愛がり、忙しい両親に代わってよく面倒を見てくれた。

ハルは幼い頃、正吉に風呂に入れてもらうことがよくあった。それが思春期に差しかかるにつれて、裸を見られることが恥ずかしくなった。正吉は年が離れていたこともあり、ハルの恋愛対象にはどうしてもならなかった。

ハルは、同い年で好きな男子もできたことから、正吉と遊ぶこともなくなっていった。すると正吉は、成長と共に少しずつ離れていくハルを、強引に自分のものにしたくなった。

十五歳の頃、ハルは正吉にレイプされた。学校から帰る途中、正吉が車で迎えに来ており、両親が病院に運ばれたから車に乗るようにと急かした。ハルは慌てて車に乗り込んだ。車は見知らぬ男が運転していて、正吉とハルは後部座席に座っていた。しばらくすると、病院がある街とは反対の山の方に向かっていることに気がついた。ハルは嫌な予感がし、車を降りたいと訴えたがすでに遅かった。正吉は、人気のない道で運転手に車を止めるように言い、車の中でハルをレイプした。運転手は車を降りて、外を見張っていた。声を上げても誰かが来るような場所ではなかった。

「おまえは中国人で傷ものだ。おまえのような女と結婚する男はいない。俺と結婚するか、売春婦になるかどっちかだ。どうする？」

事が済むなり、正吉はハルに言った。正吉の言うことは現実だった。娼婦にだけはなりたくない。正吉の家は裕福で、結婚すれば生活に困ることはないだろう。両親も納得するに違いない。ハルは、正吉の要求を呑むしか選択肢がなかった。

しかし、中国人との結婚を、正吉の家族が簡単に許すはずはなかった。

「その女は愛人にすればいい。妻はダメだ」

正吉の両親は、ハルを目の前にして、せめて日本人の女性を妻にするよう何度も正吉を説得した。それでも正吉は、ハルを妻にすると言ってきかなかった。正吉は一途なところがあり、ハルは次第に正吉に愛情を感じるようになっていった。

ふたりは結婚することができたが、正吉は実家から遠く離れた田舎の工場に左遷された。ハルは、両親やきょうだいと遠く離れて暮らすことになった。

誰ひとり知らない地方で、ハルは夫だけを頼りに生活していかなければならなかった。

暴力に支配された家族

長男の正義が逮捕され、友人も離れていき、ハルは孤独だった。生まれてからさまざまな苦労を乗り越えてきたが、孤独という経験は初めてだった。いっそのこと死んでしまいたいと思ったが、方法がみつからなかった。

そんなとき、急に三男の正孝が婚約者を連れて訪ねてきたのだ。正孝は、夫や正義と折り合いが悪く、就職して家を出てから実家に顔を見せることはなくなっていた。

正孝は、婚約者の真理子をハルに紹介したいという。

「真理子がどうしても母さんに会いたいって言うから」

真理子は、正孝より一回り年上で、離婚経験者だという。すでに、前夫との間に子どももいるという話で、ハルは驚いた。真理子は現在、カウンセラーとして男性からの暴力に苦しむ女性の支援活動をしていた。

「私も長年、夫からの暴力を受けてきました。仕事をした経験がなかったので、離婚は諦めていました。でも、このままじゃ子どものためによくないと思って決断したんです」

ハルは、真理子の話を聞いて、三男が伝えたいことが手に取るようにわかった。ハルも長年、夫の暴力に苦しんできたからだった。

結婚後、田舎の工場に飛ばされた夫は、うまくいかないことがある度に酒を飲んで暴れるようになった。昼間は穏やかだが、酒が入ると手がつけられなくなり、ハルはしばしば暴力を受けた。それでも、一家の裕福な暮らしぶりから、ハルは同情されることはなかった。

子どもが生まれると、夫は息子たちに厳しい教育をした。特に、学校の成績は一番でなくてはならず、成績が振るわないと長時間説教されていた。

子どもたちが叱られるときは、必ず一緒に母親も罵倒された。子どもたちにとっては、母親が殴られる姿を見ることが最も辛い瞬間だった。

長男の正義は非常に頭がよく、父親の期待通り銀行員になった。正義は、常に机に向かって勉強し、弟たちと一緒に遊んだり、積極的に面倒を見るようなことはほとんどなかった。次男の正和は、長男とは正反対に情に厚く、弟を可愛がっていた。暴力を振るわれる母親をいつも庇っていたのも次男だった。

次男の正和も長男と同じ大学に進学し、成績優秀であったことは間違いないが、父親のすすめるような銀行員の道は選ばなかった。正和は、裁判官になることを目指し、司法試験を受けることにした。しかし、在学中に合格することはなかった。

大学を卒業しても仕事が決まっていない正和を、父親は自分の言うことを聞かなかったからだと激しく非難した。

「仕事もない男にウロウロされたらみっともない、出ていけ！」

と言い放ち、正和を家から追い出してしまった。

その後、家を出た正和が戻ってくることはなかった。数日後、山で首を吊って死んでいる正和の遺体が発見されたのだ。

正和になついていた正孝は、父親を許すことができなかった。葬式で涙ひとつこぼさない父を心から軽蔑した。正孝もすぐに家を出て、家族と離れて生活するようになった。息子の死、兄弟の分裂と、子どもたちが成長した後もハルには苦労が絶えなかった。

「これくらいは当然」と耐えてきた不幸

「お義母さんも辛かったですよね。正孝君から話を聞いて、私と同じだって思ったんです」

(辛かった……)

真理子の言葉に、ハルは癒された。ハルの人生は辛いことだらけだった。いま振り返ると、悲しくなかった日の方が少ないほどだ。しかし、辛いと誰かに話したことはなかった。絶対、口にしてはならない言葉だと呑み込んできた。幸せな重役夫人でなくてはならなかったのだ。

真理子は、母親への暴力を見て育った正義の心の傷が、今回の性犯罪に関係していると考えていた。ハルにとっては想像もつかない視点だった。

正孝は、正義が苦手だった。成績もよく、常に父親に従順だった兄は、何も問題なく過ごしていると思い込んでいた。しかし、今回の事件を聞いて、正義もまた、抑圧に苦しんでいたのではないかと考えるようになっていた。できる限り兄を支えていきたいと話す正孝の言葉を聞いて、ハルはようやく生きる望みを見いだすことができた。

正義は逮捕後にハルと同居するようになってからも、この地域で何件もの罪を重ねていた。三件が起訴され、前科もあることから実刑判決が下る可能性は高かった。

正義は、若い頃から痴漢行為を繰り返していた。すぐに示談をして、事件が公になることを防いできたが、やがて妻の知るところとなった。犯行の度に妻は泣き崩れ、誰にも打ち明けられずに苦しんでいたという。

正義の妻もまた、夫の犯罪に悩まされて生きてきたのだった。

ハルは、これまで何も知らなかった自分を恥じた。ハルは屈辱的な思いをする度に、「よくできた妻」と褒められたことを思い出し、幸せだと自分を納得させてきた。そう思わなければ、とても生きてはこられなかった。

「お義母さんも、本当は助けてと声を上げたかったんですよね？」

真理子の問いに、ハルは思わず涙がこぼれてしまった。声を上げる女たちを憎み、卑下することで、自分の苦しさから目を背けていた。


ハルは刑務所の面会室で正義に問いかけた。

「お父さんは厳しかった？」

正義は突然の問いかけに、無言だった。

「お父さんは、とっても厳しかったよね？　お母さんも辛かった。守ってあげられなくてごめんね」

正義は首を横に振った。

「母さんのせいじゃないよ。きっと、父さんは密かにプレッシャーに苦しんでいたと思う」

「人に弱みを見せられない性格だからね」

「孤独だっただろうね。孤独が一番辛いよ……」

ハルは、「男が弱音を吐くな」と夫が口癖のように息子たちに言っていたことを思い出した。息子たちが幼い頃から、こうして本音で話ができていたら悲劇を防ぐことができたのではないか――。そんな後悔が、ハルを遠い刑務所の面会室に向かわせるのだった。

婚活パーティーから始まった事件

「よくできた妻になれなくてごめんなさい」

テーブルには、血液の付着したメモが残されていた。

菅野智子（三十代）は、生後間もない長男を窒息死させた。息子の亡骸《なきがら》を抱え、手首から血を流して倒れていた智子を発見したのは友人のゆり子だった。智子は一命をとりとめ、殺人罪で服役している。事件は、産後うつによる心中として報道されていた。

「智子はとにかく謝るばかりで、裁判でも本当のことは明らかにされませんでした」

ゆり子は智子の幼馴染で、智子をよく知る人物だった。

事件から五年ほど前、智子はゆり子の誘いで婚活パーティーに参加していた。智子はここで、夫の三上登（三十代）と知り合った。登は長身で、参加者の中で唯一初婚の三十代、さらに仕事もマスコミ関係ということで女性たちの人気を集めていた。ゆり子は積極的に登にアプローチをし、デートの約束を取り付けていた。

ゆり子が登とデートをした翌日、智子はゆり子から、手持ちがないのでお金を貸してほしいと頼まれた。

「恥ずかしいんだけど、三上さんとのデート代でお金がなくなっちゃって……」

ゆり子は、登が選んだフランス料理店でデートをすることになった。食事を終えて会計になると、登が何やら慌てて鞄やジャケットの中を探り出した。

「おかしいな……、財布がない……」

ゆり子はとりあえずここは自分が立て替えると言い、カードで支払いをした。

登はその後、行きつけのバーがあると言ってゆり子をもう一軒別の店に誘った。そこでの支払いも、ゆり子が立て替えることになったという。

「二軒とも高い店だったし、三上さんのタクシー代まで出すはめになったから、すごい出費になってしまって」

一夜明けて、ゆり子は登とまた会いたいというメールを送ったが返事はなかったという。次の日に電話をしても登は出なかった。

数日後、登からゆり子のもとに「実家の母が倒れて帰省しています。落ち着いたらまた連絡します」というメールが届いた。しかし、メールはそれっきりだった。

智子は、もう少し時間が経てばまた連絡が来るかもと言ってゆり子を慰めた。しかし、ゆり子の登への熱はすっかり冷めてしまっているようだった。

「正直、自慢話ばっかりされてつまんなかったんだよね。そういえば、智子のこといろいろ聞かれた。気になってるんじゃないかな」

智子は、思わずドキッとしてしまった。内心、智子も登が気になっていたのだ。

最初のデートでのプロポーズ

ある日、智子の携帯に知らない番号から電話が入っていた。折り返すと、登からの電話だった。

「お母様の容態は大丈夫ですか？」

智子が心配して尋ねると、意外な答えが返ってきた。

「実はウソなんだ。おふくろはもう亡くなってる。僕は最初から智子さんが気になってたんだけど、ゆり子ちゃんを傷つけたくなくて……」

登は智子とふたりで会いたいと言い、ゆり子には黙っていてほしいと言った。智子もゆり子に話すつもりはなかった。登と連絡を取るようになってから、ゆり子に対して罪悪感を抱くようになり、これまでのようにゆり子と会うことができなくなっていった。

智子は、最初のデートで登からプロポーズされた。男性と出会う機会などほとんどない智子にとって、このチャンスを逃がしたくないと思った。

「もう今日から夫婦だよね」

登は、智子からイエスの返事を聞いた途端、そう言った。そして、

「ギャラが入ったら渡すから」

と言い、会計伝票を智子の方に差し出した。

智子の両親は結婚の報告に喜び、登をいたく気に入ったようだった。疎遠になっていたゆり子にも結婚について打ち明けると、「遠慮しないで幸せになって」とふたりの結

婚を祝福してくれた。智子は幸せだった。

登はフリーランスのライターで、収入は安定しなかった。東京近郊に住んでいたが、都内の智子のマンションの方が仕事がしやすいと、すぐに自宅を引き払い、智子のマンションに引っ越してきた。登は、いつも「生活費、足りなくなったら請求して」と智子に言っていた。しかし、結局のところ、正社員でそれなりの給料を得ている智子が生活費のすべてを負担することになった。

登は、仕事の仲間をよく自宅に招いていた。智子は仕事を終えて疲れて帰宅しているにもかかわらず、酒や食事を用意させられることが多かった。

登の友人たちは、一度自宅に来るといつも朝まで飲み明かしていた。智子は朝が早いにもかかわらず、熟睡することもできなかった。

「うちのかみさん、よくできた妻でしょ。仕事もできるし、料理もうまい」

登は、友人たちの前でいつも智子を褒めたてた。その言葉を聞く度に、智子は仕方がないと自分に言い聞かせるようになっていた。

登は洋服や車にお金をかけているにもかかわらず、毎月「食費」と言って一万円を渡してくるだけで、生活費を入れることはなかった。結婚指輪も含め、結婚式にかかった費用もすべて智子が払っていた。登はいつも「ギャラが入ったら」というが、登が支払ったためしはなかった。

エスカレートする夫の散財

ふたりで生活している間はまだよかった。あるとき智子は妊娠していることに気づいた。子どもを持つことは夢だったので、嬉しくなり登にすぐに報告した。しかし、登の反応は冷たかった。

「子どもができたって……。仕事どうすんの？　給料入らなくなるの？」

登は急にイライラしたように智子に詰め寄った。登が気にするのは、智子の体調よりまず金なのだ。智子が、出産後も仕事を続けるので経済的には心配ないと言うと、登は笑顔を見せた。

「金がちゃんと入ってくるならいいよ、俺はどっちでも」

（どっちでも……）、その言葉に智子は深く傷ついた。

智子の悪阻《つわり》が酷くなり、外出できないことが増えていた頃、登は身だしなみが行き届かなくなっている智子を責めるようになった。美容院に行く気力もなく、染髪しない部分の黒髪が目立つようになっていた。

登は、悪阻が酷く横になっている智子のベッドまで来て、いきなり髪をわしづかみにして耳元で怒鳴った。

「今週中には髪染めてこい！　俺に恥をかかせるな！　いいな！」

智子は、吐き気が襲うなか、翌日這うようにして美容院に行った。

「きれいだよ、智子」

登は、美容院から戻ってきた智子を抱きしめた。登は週末に、知人と会う約束を取り付けており、智子を同席させる予定でいた。すぐにでも横になりたい智子を、登は当日に着る服が必要だと青山に連れて行くという。智子の給料はほとんど生活費に消えており、しばらくの間、洋服や化粧品を買うことができずにいた。

智子は、値札を見るのが怖くて一度も入ったことのないような店に連れてこられたことに驚いた。店員の様子から、登が常連客であることがわかった。

登はワンピースを何着か智子に試着させ、よく似合っていた一枚を買うようにすすめた。しかし、十万円以上する服など買う余裕はない。

「カードで払っとけよ。来月金を入れておくから」

そう言って登は強引に支払いを促した。

その後も靴や、バッグ、登のネクタイなど、三十万円を超える買い物をすることになった。智子が渋ると、登は試着室に智子を連れ込み、

「俺に恥をかかせるな」

智子の髪をわしづかみにして耳元で囁くのだった。登はいつも店員の前で、着飾った智子を称賛し、仲睦まじい夫婦をアピールしていた。

智子は嘘つきだと言って責めたかったが、子どもが生まれれば登もきっと変わるだろうと期待していた。

ところが、出産が近くなるにつれて、登は出張だと言って自宅に帰らない日が増え、出産に立ち会うことさえなかった。

生き地獄からの出口

息子が生まれても、事態は悪くなる一方だった。登は出産祝いをくれる人々の前では息子を抱いて可愛がる仕草を見せるのだが、彼らが姿を消した途端、不機嫌そうに息子を智子に押し付けた。

「うるさい！　いい加減、泣きやませろ！　仕事にならないだろう。泣きやまないなら出ていくよ」

登はそう言って必死に我が子をあやしている智子を怒鳴りつけ、不機嫌そうに家を出ていくのだった。

智子は孤独だった。結婚してから仕事と家事に追われ、友人との付き合いもなくなってしまった。実家の両親も高齢で、とても頼ることができない状況だった。登の帰ってこない家で息子とふたりでいると、気が狂いそうになった。登は息子の顔さえ見ようとしない。ここまで冷淡な人間だとは思ってもみなかった。このまま登がお金を入れてくれなければ、生活費が底をつく日も近いだろう。そう考えると、息子を殺して自分も死んだ方がよいという妄想に取りつかれるようになっていた。

そんなとき、親友のゆり子が訪ねてきてくれたので、智子はすべてのいきさつをゆり子に話した。ゆり子は、智子の事情に同情し、助けてくれると約束した。このときようやく、智子の中に「離婚」という選択肢が見えてきた。ゆり子は、困ったときはいつでも連絡するようにと言ってくれた。

「初めてデートしたときから、ゆりちゃん言ってたぞ。智子は地味でつまんない女だって」

ゆり子が自宅に来ていたことを知った登は、急に不機嫌になった。

「おまえ、ほんとに鈍感で何も気づいてないんだな」

登はそう言うと、これまで何度もゆり子と密会していたと智子に言った。ゆり子はこれまでずっと登と結婚したいと思い、タイミングを見計らっていたのだという。

親友に裏切られていたと感じた智子は、世の中とつながっているたった一本の細い糸が切られたような気がした。

それから間もなく、智子は枕で息子を窒息死させ、自ら手首を切って自殺を図った。

何度連絡をしても返事が来ない智子の様子を心配したゆり子がふたりを発見した。

「三上さんと付き合うなんて、冗談じゃないです！　一度デートしただけで、それから一度も会ってないし、そんなウソ言われてたなんて……」

それでもゆり子は、自分が事件のきっかけを作ってしまったと責任を感じていた。

「三上さんとデートした日、私、つい智子のことを話してしまったんです。智子は私と違って給料も高いし、ひとりでマンションに住んで貯金もしてるしっかり者だって。その話をしたら、三上さんすごく興味深そうに智子のことを聞いてきたんです。最初から、智子にパラサイトする目的だったんだと思います」

事件後、ようやく意識を取り戻した智子のもとに、登から離婚届が送られてきた。智子はすぐに判を押し、警察署から返送したという。それ以来、登は一度も面会に来たり手紙を送ってきたりすることもなかった。

智子は登への不満を一切口にすることはなく、すべて、自分の至らなさによる犯行だと主張していた。登は罪に問われることも、事件の責任を問われることもなく、いまもどこかで暮らしているのだろう。

DV・モラルハラスメント

DV（ドメスティックバイオレンス）が直接的な事件の原因となっているケースもあれば、加害者の生育歴にDVが存在しているような間接的な要因となっているケースも多くあります。

DVとは、身体への暴力だけではなく、怒鳴ったり、物を壊したり、生活費を与えなかったりといった行為も含まれます。セックスで避妊をしてくれず、中絶させられることもDVです。

人格否定や無視などの嫌がらせによる精神的な暴力は、「モラルハラスメント」と呼ばれるようになりました。こうした概念が生まれて問題となるということは、このような加害者に悩まされている被害者が数多く存在しているということです。

犯罪の背景に見られた配偶者間の暴力では、軽度の身体的暴力やモラルハラスメントが大半を占めており、被害者は自らの被害性に気がついていません。

DVというと、酒に酔った夫が暴れて物を壊したり、近所に迷惑をかけたりするような大騒動をイメージするかもしれませんが、加害者は乱暴な男性ばかりではなく、被害者も怪我をするほどの暴力は受けていないケースもあります。しかしだからといって、心に与えるダメージが小さいとは限りません。

ＤＶの本質は支配です。加害者の目的は、恐怖を与えることによって相手を屈服させることです。何を恐怖と感じるかは人それぞれで、必ずしも身体的暴力を必要とはしません。

ＤＶやモラルハラスメントの加害者たちは、相手の弱点を見抜くことに長けています。酒を飲んで大暴れするような粗暴犯であれば、被害者は逃げるなり通報するなど対応が可能ですが、支配者である加害者たちは、傍目にわかりやすい暴力は使いません。

人格否定の言葉を繰り返して相手の自尊心を破壊するなど、心理的に相手を拘束して支配していくのです。

髪を引っ張ったり、胸倉《むなぐら》をつかむような身体的損傷を伴わないＤＶや無視などのモラルハラスメントは、客観的証拠が残らないことから、裁判で被害を立証することが困難なケースもあります。それゆえ、被害者は泣き寝入りするしかなくなるのです。

毎日のように加害行為を繰り返されるうちに被害者は、悪いのは自分であり、その程度のことは仕方がないと諦めるようになっていきます。真の加害者は、自らの加害の正当性を上手に相手に納得させるのです。

加害者たちは、よく比較を用いて被害者に苦しい現状を肯定させます。

「〇〇の旦那のような年収だったら、こんないい暮らしできないぞ」

「貧乏だと旅行にも行けなくてかわいそうだよな」

などと、不幸な事例を引き合いに出して、被害者に幸せだと思い込ませます。

高級レストランで食事ができたとしても、

「隣のテーブルの女性はきれいだよな。お前なんかじゃなくて、ああいう女性と結婚すればよかった」

などと、真顔で言われるようなことが続いたらどうでしょう？　高価な料理を食べることができても、こんな不幸なことはないでしょう。

モラルハラスメントの被害者には、「もっと大変な人がいるのに私なんか……」と我慢をしている人も多いのです。犯罪が起きて加害者と物理的な距離ができたことにより、心の傷に気づいていきます。

加害者たちは、なぜ相手を傷つけるのでしょうか。結婚によってパートナー関係が構築されているのだから、結婚相手から愛されていると信じることができ、相手を支配する必要はないはずです。

しかし、加害者たちの多くは、生育歴の中で無条件で愛される経験を欠いています。勉強やスポーツで結果を出して初めて承認されるというように、あくまで条件付きでしか存在を認められてこなかった人たちです。たとえ人がうらやむような社会的地位の高い職業についていたとしても、内心は人として自信がないのです。それゆえ、威圧的な態度や暴力などを用いてパワーを誇示することによって、相手に逃げられないようにするのです。

このような「DV・モラハラ加害者」には、不遇な過去を持っている人々も多く、被害者はその過去を知るがゆえに同情し、我慢しているケースも見られます。

しかし、こうした我慢は、病理を悪化させる可能性の方が高いのです。

第四章　おしどり夫婦と性犯罪

司法試験に受からず結婚

「浪人が続いた頃から、いつか、こんなことになるんじゃないかって思っていました」

上野公子（六十代）の長男は、法律事務所の事務員として勤務していた頃、路上で女性の胸を触り、強制わいせつ罪で逮捕された。

妻は、同じ職場で司法書士として働いており、おしどり夫婦と呼ばれるほど仲がよかった。傍から見れば、何も問題がないと思われていた長男だったが、母親だけは、息子が転落していく予兆に気がついていた。

「逮捕される前に実家に帰ってきたとき、仲がよかった次男と殴り合いの大喧嘩をしました。あの子たち、暴力を振るったことなんか一度もなかったのに……」

公子の話によれば、兄弟喧嘩の原因は、長男の弟に対する嫉妬だった。次男は、成績は長男ほど優秀ではなかったが、有名大学を卒業し、一流企業に入社した。最近、地方局のアナウンサーをしていた女性と結婚したばかりだった。

これまで試験に失敗したことなどない長男は、司法試験になかなか受からないことでイライラしており、正月に美しい妻を連れて実家に帰ってきた次男にあからさまに嫉妬したという。実家に帰ってきては弟に対し暴言を吐く長男に、公子は胸を痛めていた。

「あの子が司法試験を受け始めたのは、奥さんのせいなんですよ。大学を卒業して就職するか、公務員にでもなっていたら、こんなことにはならなかったと思います……」

公子の長男、拓哉（三十代）は、同じ大学のゼミで妻の沙也加と知り合った。ふたりとも弁護士になることを目指していたが、沙也加は司法書士試験に合格したことから、卒業後は父親が経営する弁護士事務所に就職した。拓哉は大学院に進学し、司法試験に臨んだ。

拓哉は、子どもの頃から成績がよくエリートコースを歩んできたが、司法試験の壁は高く、大学院を修了してもなかなか試験に合格できずにいた。沙也加は父親に頼み、拓哉に法律事務所でアルバイトをさせるなどして、拓哉の受験生活を支えていた。

「沙也加は早く結婚したがっていました。結婚したら、父親の事務所に就職させてもらえると言われて、悪い話ではないと思いました」

拓哉は結婚当初を振り返り、そう語った。生活の保障ができたうえで、受験を続けられるのであれば、それに越したことはない。拓哉は結婚後、沙也加も所属する法律事務所に事務員として就職することになった。拓哉はこの頃から、弁護士になろうとは思わなくなっていた。事務員の仕事にやりがいを感じ始め、しばらくは充実した日々を過ごしていた。

流れが変わったのは、拓哉の大学の後輩が、新人弁護士として事務所に入ってからだった。拓哉は、弁護士となった後輩に事務員として働いている姿を見られたくなかった。後輩と同じ事務所で働くようになってから、拓哉はどうしても後輩を意識するようになってしまった。後輩は優秀で、社会的に注目を集めている事件も担当しており、仕事ぶりを見ては羨ましいと感じるようになっていた。

こうした劣等感は、就職した友人たちとの交流でも感じるようになっていた。有名大学を卒業している拓哉の友人たちは、それぞれ一流企業に入社したり、会社を立ち上げるなど三十歳を目前に順風満帆に見えた。

「あいつら、キャビンアテンダントと合コンしていたらしいけど、俺は呼ばれないわけですよ。稼ぎも違うし、一緒に遊べる金がないから、だんだん疎遠になりました」

拓哉は、同じ大学を卒業しながら同期と差がついてしまった自分の人生を蔑《さげす》むようになっていた。

妻の沙也加は、そんな拓哉の心中を察することなく、父親が支持している議員のパーティーやさまざまな会合に拓哉を連れて行った。沙也加は、地位のある人々と知り合いになってもらおうと拓哉を紹介したが、拓哉は、自分が無資格の事務員だと人前で紹介されることが苦痛でたまらなかった。この対応に、母親の公子も屈辱を感じていた。

「沙也加さんは余計なことばっかりして、あの子は振り回されていました。父親の会社で働かせるのはいいけど、もう少しまともな給料を払ってやってほしかったです」

事務員の拓哉の給与は薄給だったが、妻の沙也加の稼ぎはよく、夫婦の暮らしは沙也加の収入によって支えられていた。

痴漢行為で憂さ晴らし

沙也加はあまり性的な接触を好まず、結婚前からセックスレスだった。拓哉はセックスレスでも仕方がないと思っていたが、結婚後、同居するようになってから、拓哉がひとりで過ごす時間や空間がなくなり、マスターベーションができないことが不満だったという。

沙也加は、性に対しては潔癖症で、露出度の高いアイドルが出ている番組を見ることさえも嫌がっていた。友人たちと疎遠になっていた拓哉は、気がつくと、妻以外に話す相手がいなくなっていた。

ある日、拓哉は、夜ゴミ捨てに行く際に、スマホを見て歩いていた女性とぶつかった。初夏の六月でちょうど、胸元が露わになっており、彼女が落としたスマホを拾う際に彼女の胸を触ってしまった。拓哉は、慌ててその場から逃走したのだが、追いかけられることもなく、しばらく時間をつぶして自宅に戻ってきたことがあった。

「このときは、触ったか間違って触れたか微妙だったと思います。もし騒がれるようなことがあれば、間違って触れてしまったと言えば、なんとかなると考えていました」

この頃拓哉は、エリートコースを外れてしまった自分の人生に納得ができず、再び司法試験の勉強を始めようと決意した。会社が終わるとすぐに帰宅し勉強を始めたが、なかなか集中することができなかった。勉強に集中できずにイライラが募ると、女性の胸に触れた体験を思い出すようになり、煙草を買ったりゴミを捨てに行くふりをして家を出て、夜にひとりで歩いている女性を尾行し、痴漢行為をする妄想をするようになった。

何度か、背後から近づき、尻や胸を触って逃げたが、騒がれることはなかった。拓哉は、犯行後の興奮を思い出し、自宅の風呂場でマスターベーションをすることが増えた。この時期は、痴漢行為が職場でのストレスの発散となっていた。

「レイプの妄想もよくしました。事務所の弁護士の奥さんとか、キレイな人が多くて。高嶺の花のような女性をレイプして妊娠させたいと思っていました」

レイプの対象は、身近な女性たちにも向けられていた。兄が大好きだったという拓哉の弟は、拓哉が逮捕される前、信じられない言葉を聞かされていた。

「お前の妻とヤラせてくれよって、兄が言ったんです。あまりにショックで、思わず兄に殴りかかりました」

母の公子が、事件の予兆と話していた兄弟喧嘩だった。アナウンサーだった弟の妻は、まさに「高嶺の花」だった。

「ヤラせて、なんて下品な言葉、兄から聞くなんて信じられませんでした」

弟も兄の変化について、度重なる受験の失敗が原因ではないかと考えていた。拓哉の犯行は、単純な性欲というよりは、人生がうまくいかない怒りと劣等感が犯行動機となっていた。犯行現場が自宅付近だったこともあり、すぐに逮捕に至ったが、拓哉は逮捕されなければ、強姦などのさらなる悪質な行為にまで発展した可能性を自覚していた。

それでも夫を責めない妻

逮捕された翌日から、妻の沙也加は一日も欠かさず面会に訪れ、事件の処理に奔走していた。沙也加は怒る様子もなく、弁護士費用も負担し五百万円もの示談金を支払った。そのかいあってか、拓哉は執行猶予付き判決を得ることができた。

事件に対して責めるどころか、まるで何事もなかったかのように元の生活に戻そうとする沙也加に異議を唱えたのは、母親の公子だった。

「五百万円はお返ししますので、離婚させてくださいと頼みました。また、同じことの繰り返しになります」

拓哉が犯行に至った原因は妻にあると考え、離婚を申し出る母に、沙也加は夫婦の問題だと返金の提案を突っぱねた。沙也加は離婚するつもりはないという。当の本人である拓哉は煮え切らなかった。

結局、拓哉は釈放後、離婚は保留にして実家に戻り、就職活動をすることになった。幸い、友人の伝《つて》で、会計事務所でアルバイトを始めることになった。待遇はよく、すぐに正社員の申し出があったにもかかわらず、拓哉は会社を辞めてしまった。理由は、上司に同じ大学の後輩がいたことだった。拓哉が卒業したのは有名大学だけに、卒業生は各界で活躍している。拓哉にとって同じ大学の卒業生で、特に後輩が、自分よりはるかに成功を収めている事実を受け入れることができなかった。その後、さまざまなアルバイトに挑戦したが、すべて長続きせず、結局、沙也加のもとに戻ってしまった。

これには、公子も他の家族もあきれ果ててしまった。結局、沙也加は事務所を独立し、拓哉の実家がある地方に移り、拓哉と共に開業することにした。

キャリアウーマンの劣等感

「これからはふたりだけで仕事をします。夫にもう肩身の狭い思いはさせません」

夫が犯罪に手を染め、しかも、性犯罪という女性にとって屈辱的な犯行だったにもかかわらず、妻の沙也加はますます夫にのめり込んでいくようにさえ見えた。沙也加は、女性ひとりで自立できるだけの経済力があり、性犯罪者の夫に執着しなくても他に選択肢はあるはずだ。

「夫に経済力や社会的地位は求めません。いつも一緒にいられることが一番です。夫が逮捕されるまでは、いつも側にいてもらえたので、離れた期間はすごく寂しかったです」

拓哉によれば、釈放後、実家にひとりで帰ってからも毎日、沙也加からメールや電話があったという。沙也加も拓哉と同じように成績優秀でエリートコースを歩んできた女性である。一般男性以上に仕事ができ、収入もあるが、その反面、精神的に依存心が強い一面があった。

「普通の男の人は、私みたいなタイプは苦手なんじゃないでしょうか」

女性らしい格好を好まず、キャリアも性格も男勝りな沙也加は、自分は男性から敬遠されがちな女性だという劣等感を持っていた。

劣等感を抱くようになったきっかけは、拓哉と交際する前の失恋だった。沙也加には、高校時代からずっと交際してきた幼馴染の男性がいた。彼は初恋の相手で、将来結婚するならば、彼しかいないと考えていたほど好きな相手だった。

友達から恋人になり順調に交際していたはずだったが、彼は就職が決まってしばらくすると、突然、別れたいと言い出した。理由は、好きな女性ができて、その女性と結婚したいからだという。沙也加は、幼い頃から隣にいた彼からのあまりに突然な別れをなかなか受け入れることができなかった。

彼は確かに、就職してから服装も交際も派手になっていた。沙也加とは雰囲気が違う、派手な女性と交際するようになった。学歴が低く、若さだけが取り柄のような女性に恋人を奪われたことは、沙也加のプライドを深く傷つけた。

「お金のある男性や仕事で成功している男性は、女性関係が派手というイメージがあります。夫は彼らに比べてすごくのんびりしてるから、出世はしないと思いますが、そこがいいんです」

しかし、拓哉も本来ならば、出世コースに乗りたかったはずだった。それが叶わない現実に不満を抱き、そのフラストレーションが犯行の要因になっていた。

「もし、弁護士になっていたら、沙也加とは結婚しなかったかもしれません。でも、もうどうでもいいことです。前科がついたいま、彼女なしでは生きていけませんから」

拓哉と沙也加は、事件後、夫婦でカウンセリングを受けるようになった。カウンセラーからは、夫婦の適切な距離感が重要だと指摘されている。

ふたりで話し合い、寝室を別々にするなど、家庭の中でもプライベートな空間を持つようにしたという。また、拓哉はアルバイトを経験したことで、さまざまな職種の友人を持つことができ、以前より視野が広がり、エリートコースだけが幸せではないという考えに変わってきたという。

アイドルから犯罪者への転落

「命より大切な夫です。彼のためなら何でもします！」

相談に訪れた大木貴子（二十代）は、隣で俯《うつむ》いて泣いている夫の手を握り、夫の刑が軽くなるためにできることを教えてほしいと訴えた。

貴子の夫である翔平（二十代）は、強制わいせつ罪で逮捕・起訴され、保釈が認められたばかりだ。貴子はまるで母親のように、泣いている翔平の涙をハンカチで拭い、何度も彼を抱きしめた。

貴子は色黒の肥満体型で、お世辞にも可愛いとはいえない。一方、夫の翔平は小柄だが、目鼻立ちのはっきりした美形だった。翔平は、電車内で女子高生の体を触るなどして逮捕され、容疑を全面的に認めている。冤罪に巻き込まれたわけでもないにもかかわらず、過度に夫に同情的な妻の言動は、どこかわざとらしさを感じさせた。

夫婦の相談に同席し、ふたりの様子を訝《いぶか》しげに見ていたのは、翔平の兄の純平（三十代）だった。純平は、夫婦を見送った後、夫婦が語らなかった事件の真相を話し始めた。

弟の翔平は、地方で音楽活動をしていたインディーズバンドのボーカルで、地元ではそこそこ人気を博していたという。貴子は、翔平の取り巻きのひとりだった。毎回、ライブが終わると翔平のファンが楽屋に詰めかけた。グルーピーは、制服を着た十代の女子が多かった。貴子は翔平より年上で、高級ブランド時計や革小物など、毎回、必ず高価なプレゼントを持って会いに来ていたことから、翔平に気に入られていたという。

しかし、当時、翔平にはすでに妻がいた。

メジャーデビューの話が出るようになった頃、翔平は突然、未成年との淫行《いんこう》による条例違反で逮捕された。この頃、翔平は、グルーピーの女性たちと派手に遊ぶことが多く、相手の年齢を確認せずに性行為に及ぶこともあった。

罰金を払って警察署から出てきた翔平は、瞬く間にすべてを失っていった。事件の影響で、翔平はライブハウスに立ち入り禁止となり、バンドは解散となった。当然、デビューの話など流れてしまった。バーテンダーとして働いていた店にも警察が入り、事件を知られてクビになった。

「教師の息子が淫行！　恥さらし！」

高校教師をしていた翔平の父親の勤務先には、抗議の電話が続いた。父親は責任を取る形で辞職を余儀なくされた。

当時、翔平の妻だった奈々のもとにも、嫌がらせの電話や手紙が殺到していた。

奈々が電話を取ると、「死ね」「ブス」などと罵《ののし》られ、匿名で届く手紙やファックスには、「お前がブスだから翔平が犯罪者になった。責任を取れ」「売春婦」など罵詈雑言が並んでいた。

奈々が最も恐怖に感じたのは、「おまえの過去を徹底的に暴く。バラされたくないなら翔平と別れろ」と書かれた手紙だった。奈々は、地元で活動しているモデルで、過去にアダルトビデオに出演したことがあった。手紙に同封された写真は、その映像の一部だった。翔平には打ち明けていた過去だったが、家族や友人には秘密にしており、知られたくはなかった。奈々は、突然、犯罪者の妻として、不特定多数の人々に素性を探られていることに恐怖を感じ、モデルの仕事にまで影響が出ることを恐れ、翔平との離婚を決断した。

仕事、家庭、友人……次々と大切なものを失い、居場所がなくなっていた翔平を支えたのは貴子だった。貴子は、翔平の逮捕直後から弁護士を手配し、嫌がらせに怯えている奈々の転居や離婚の手続きにも協力した。

帰る家もなくなった翔平は、貴子が用意したマンションで暮らすことになった。マンションは、貴子の父親が所有しているものだった。貴子の父親は飲食店や不動産などを所有している資産家で、貴子はその資金を自由に使っていた。翔平にとってはパトロンのような存在だ。

翔平は、貴子の父親が所有する飲食店で働くようになり、しばらくして貴子と結婚した。

すべてを失った男の結婚

翔平は、元々、家族と折り合いが悪く、高校卒業後に親に反抗するような形で家を出ていた。教育熱心な両親は、大学だけは出るようにと翔平を説得したが、翔平は音楽で生きていく道を選んだ。実家を出てからは、両親と連絡を取ることもなく、親族でつながっていたのは唯一、兄の純平だけだった。

一年前、純平は、突然、貴子から翔平と結婚するという電話を受けた。驚いて、指定された場所で待っていると、翔平は体格のよい女性に手を引かれてやってきた。久しぶりに見た翔平からは、以前の自信に満ちた雰囲気は完全に失われていた。翔平とは対照的に、妻になる貴子は上機嫌でよくしゃべり、完全に翔平をリードしている様子だった。

「翔平らしくなかったです。あいつは、昔から見栄っ張りなところもあって、可愛い子を連れて歩きたがる奴でした。前の奥さんもモデルだし、その前の彼女たちも外見だけはいい子でした。失礼だとは思いますが、貴子さんは翔平の好みとは正反対の女性です」

いくら犯罪者となってしまったからといって、完全に貴子の言いなりになっている翔平の様子に、純平は不安を感じていた。

以前、翔平が条例違反で逮捕されたときの被害者が、どうしても翔平に会いたいと家族のもとを訪ねてきたことがあった。対応した純平は、被害者の萌絵から思いがけない事実を聞かされた。

「翔平が逮捕されたのは、あのおばさんのせいですよ」

萌絵によると、取り巻きの女子高生たちと貴子は、しばしば対立していたという。女子高生たちは、翔平がアルバイトをしていたバーにもよく顔を出していた。店に現れた貴子は、未成年者がバーに来てよいのかと学校に通報すると言って女子高生たちを返していた。また、ライブ後に楽屋前で翔平を待っていると、貴子から、高校生が夜遅くに出歩いていいのかと度々注意を受けた。注意を無視していると、後日、高校に苦情が入り、学校から呼び出しを受けることになったという。萌絵には、貴子は翔平を独占しようと、邪魔な女性たちを排除しているように感じられた。

当時十七歳だった萌絵は、翔平のお気に入りとして、楽屋への出入りを許され、バンドメンバーと一緒に食事をするなど特別な扱いを受けていた。

翔平は、結婚していることを周囲には話しておらず、萌絵も翔平に妻がいることは知らなかった。

萌絵は翔平に夢中になり、自宅まで行くようになった頃、突然、翔平の自宅マンションの前で貴子に待ち伏せされたことがあった。

貴子は萌絵に、翔平には妻がいることを暴露した。萌絵は、翔平の妻の写真を見せられ、大きなショックを受けた。貴子は、翔平は萌絵のことを遊びとしか思っていないので、妻に知られる前に早く別れた方がいいというのだ。翔平の妻は、暴力団とも裏でつながっていることから、翔平との関係がばれると大変なことになると脅され、萌絵は急に恐ろしくなった。萌絵は、これまでの経緯を姉に相談し、警察に駆け込んだことから事件が発覚した。

兄の純平は、萌絵の話を聞いて、父親の職場への抗議や元妻の奈々への嫌がらせは、貴子の仕業ではないかと疑うようになった。翔平の逮捕は、地元紙に小さく掲載されただけにとどまり、地元を騒がせるような事件にはならなかった。

翔平は、家族の存在をかなり限られた人にしか打ち明けてはおらず、インターネットを見ても、家族の情報が晒されているわけではなかった。どうしても翔平を自分のものにしたい貴子が、翔平を孤立させるために仕組んだことではないかと考えた。

過去のことは仕方がないとしても、翔平は再び性犯罪に手を染めた。翔平が再び逮捕されたとき、貴子は「妻としての監督不行き届き」と言って泣きながら純平に謝ったという。事件以来、翔平がどこへ行くにも貴子が車で送迎をしている。しかし、そんなことがいつまで続けられるのか……。

「翔平は洗脳されてしまったんじゃないかと心配です……」

純平が、夫婦間のストレスがないか翔平に尋ねても、翔平はきっぱり否定するという。

事件を起こした弟の再婚は喜ばしい出来事のはずだが、純平にとってはさらなる不安の種となっている。

おしどり夫婦ほどセックスレス

週刊誌やワイドショーで、「芸能界のおしどり夫婦」と言われる夫婦の離婚報道を目にすることがあります。夫婦が常に一緒にいる姿は仲睦まじい家庭生活を想像させますが、実際どうであるかは当人にしかわかりません。

いつも一緒にいる夫婦間で生じがちな問題がセックスレスです。一緒にいる時間が長ければ長いほど相手に対する刺激は薄れていくでしょう。互いに、セックスを必要としていないならば問題はありませんが、欲求が一致しないこともあります。配偶者と仲はよいが、セックスレスだったり、性的満足は他で満たしているというケースも少なくありませんでした。

本章で紹介した加害者の妻たちは、加害者にとって妻というより母親に近い存在でした。仕事から私生活まで妻がすべてをコントロールしており、お金も時間もひとりになる空間さえ与えられていなかったのです。加害者は、妻に依存せざるを得ない状況を屈辱と感じ、満たされない欲求を無抵抗な女性に向けました。

それほどに選択肢が奪われ、追いつめられていたとも言えます。

傍から見れば面倒見のよい妻ですが、実態はコントロールが強すぎる「共依存」と言えるでしょう。こうした共依存関係は、夫婦間だけにとどまらない家族病理です。次章で詳しく述べたいと思います。

第五章　世話焼き家族と犯罪

妹はなぜ犯罪に手を染めたのか

「妹の事件のせいで、私たち家族は肩身の狭い思いで生きていかなくてはならなくなりました。とても辛いですが、妹を恨む気持ちなどありません。家族として、これからもずっと妹を支え続けていきたいと思います」

山下希美（二十代）の妹は、詐欺罪で実刑判決を受け、刑務所で服役している。希美は契約社員として勤務する傍ら、さまざまなボランティア活動に参加しており、いずれは自分と同じように、受刑者を近親者に持つ人々の支援をしたいと考えている。

希美の妹の沙希（二十代）は、他人名義のクレジットカードを偽造するなどして多額の現金を使い込んで逮捕された。金の使い道は、交際相手の男性だったという。

希美は実家で両親と生活しており、沙希は美容師の資格を得た後、ひとりで生活をしていた。

両親が言うには、ふたりは仲のよい姉妹で、しっかり者の姉が妹の面倒をよく見ていたという。姉の希美は、家庭でも学校でも面倒見がよく、周りから頼られる存在だった。

今回、沙希が起こした事件について、両親には心当たりがあった。

「高校生の頃から、沙希は家のものを勝手に取るようになってね。お金とか、指輪とか時々なくなったんですよ。お友達もあんまり品のいい子たちではありませんでした。実家を出てから、生活が派手になっていったのかもしれません」

沙希が事件前に交際していたのは、大学院に通っているという年下の男性だった。ふたりはすでに同棲をしており、彼が就職したら結婚する予定だと話していた。

「沙希の彼は無職でアルバイトもしていないし、沙希に頼り切った生活でした。彼に車を買ってあげたり、かなりの金額を貢いでいたと思います。それなのに、彼は事件が発覚しても、まだ沙希と結婚すると言い張ったんです。一体、誰のためにこんなことになったのか……。私が話をしてなんとか別れさせました」

交際相手はよほど悪い男だったのか、沙希はどこで道を間違えてしまったのだろうか。希美は、沙希は男に洗脳されてしまったと考えていた。

「こんなことになってしまって、家族に本当に申し訳ないです……」

刑務所の面会室で、沙希は泣きながら訴えた。僻地にある刑務所まで、姉が片道三時間をかけて毎月二回、差し入れの本やお金を届けに来るのだという。

「私が馬鹿だったんです。彼をつなぎ止めておきたくて、勝手にいろんなプレゼントを贈るようになりました。当然、給料では回らなくなり、魔が差したんです……」

希美が言っていたように、沙希は男性を庇っているように聞こえた。お金を使わなければ彼をつなぎ止めておくことができないと思った理由は何なのか。裁判でも全く言及されていなかった。

すると、彼に多額のお金を使うようになったきっかけについて、沙希から意外な答えが返ってきた。

「姉に、彼を取られてしまうかもしれないと不安になった頃から、特別なことをしてあげなくちゃならないと思うようになりました」

希美は幼い頃から、確かによく沙希の面倒を見てくれた。しかし、その反面、沙希はいじめられることも多かったという。沙希の誕生日会に友達が大勢来たとき、悔しかったのか、沙希がもらったプレゼントを盗んだり壊したりされたという。両親は沙希に厳しく、希美に気を遣っているようなところがあった。

「私たち姉妹は父親違いなんです。姉の父が死亡し、母が再婚して私が生まれました。父は私たちを平等に見ていたと思います。でも、姉にとっては他人ですから、気を遣っているストレスがあったのかもしれません」

沙希が両親に叱られるときは、必ず希美の密告があった。希美は嘘をつくこともあり、沙希は心当たりのないことでよく叱られていた。

「姉は私が困ったときは助けてくれるのですが、私が褒められたり幸せそうにしていると、いつも意地悪をするんです。私は家のものを盗んだこともないし、悪い友達とつるんだこともありません」

沙希と同棲していた男性を、希美も密かに気に入っていたようだった。希美は、沙希の知らないところで密かに彼と連絡を取り、いろいろな嘘を吹き込んでいた。希美は嘘が上手で、両親や親戚も騙されていた。

事件前、沙希は仕事が忙しく、彼とすれ違いの生活が続いていた。希美はその隙に沙希の自宅に行って、沙希の代わりに夕食を作ったり洗濯をするようなことがあった。沙希は、希美に勝手なことはやめてほしいと言ったが、彼はまんざらでもない様子だった。

沙希は、いつか彼を希美に奪われてしまうのではないかと思うようになった。その不安を打ち消すように、姉にはできないような贅沢な旅行や食事の機会を与え、恋人をつなぎ止めようとした。気がついた頃には借金が膨れ上がり、犯罪に手を染める結果となってしまった。

「正直、姉への感情は複雑です……。それでも、いまは姉を頼りにするしかありません」

心の闇が深いのは、むしろ希美の方かもしれない。

面倒を見ることによる支配

相手を自分に依存させることによって支配することを「共依存」と言います。依存症者の家族やパートナーに見られることが多く、問題行動を助長する結果を招きます。

実際、家族がよかれと思ってしている行為が、加害行為を助長してしまっているというケースがあることに注意が必要です。

山下希美さんは罪を犯した妹を積極的に支えており、一般的には立派で健気な家族に見えるでしょう。

しかし、犯罪が起きた原因を見ていくと、希美さんの行動も加害行為を後押ししてしまっているのです。希美さんは、しっかり者でプライドの高い人です。それゆえに弱さを見せることができず、加害者の面倒を見ることによって、自分の問題から目をそらしているとも言えます。

希美さんは実の父親を亡くし、まもなく母親が再婚して沙希さんが生まれました。実の両親のもとで育っていく沙希さんに対し、心のどこかで、自分の居場所を奪われてしまうような脅威を感じていたのかもしれません。「駄目な妹の面倒を見る姉」として絶対的な役割を担うことで、両親の関心を引き、家庭の中での居場所を確保していたのでしょう。

沙希さんは、希美さんの援助を受け入れてはいるものの、心から望んでいたのは、自立することです。しかし、服役中は選択肢はおのずと限られるので、社会との唯一の接点である家族の存在が絶対化されていきます。

罪を犯した沙希さんより、支援が必要なのは、希美さんです。若くて能力も高い沙希さんが自立をすることはそれほど難しくありません。問題は、事件の原因にもなっている希美さんとの関わり方です。希美さん自身が変わることができれば、姉妹の関係性も変化し、適切な距離が生まれることでしょう。

加害者家族は、加害者の更生において重要な役割を担いますが、あくまで加害者本人の意志を中心に更生計画が進まなければ、再犯という悪循環にも陥りやすいのです。

第六章　地方から相談が多いケース

野放しにされる性犯罪者

「ちょっと触られたくらいで騒ぎすぎです。自分を何様だと思ってるのかしら」

小島優子（六十代）の息子、慎吾（三十代）は、飲食店で女性店員に抱きつき、胸を触るなどして強制わいせつ罪で逮捕された。

この逮捕には、加害者本人だけでなく、母親も納得がいっていないようだ。

事件が起きたのは地方の漁師町で、男たちの気性は荒く、ＤＶも多いと言われている。

慎吾の実家は飲食店を経営しており、慎吾は会社役員とは名ばかりの無職に近い状態で、パチンコや女遊びに明け暮れていた。酒が入ると暴れたり、女性店員に絡むことも多く、地域の店では困った客として有名だった。

事件後、慎吾の妻の明美（二十代）は、夫の行為を詫びるために事件のあった店に行っては、いろいろな人に深く頭を下げて謝罪していた。子どもをふたり抱える明美は、この事件の第二の被害者と言っても過言ではない。

明美は、優子をはじめ、親族中から、夫が事件を起こした責任を問われていた。慎吾はこれまでも小さなトラブルを起こしてきたが、刑事事件となったことで、逮捕の事実が新聞やテレビで報道され、一時、地域は騒然となった。

明美は、優子が経営するスナックで働いていた。カラオケで客とデュエットすることもあり、酔った男が胸を触ったり、スカートの中に手を入れてくることもあった。客の行為を拒むと、優子にきつく叱られるのだった。

「触ってもらえるうちが花なんだから、もっと積極的にサービスしなさい」

優子は、事件の影響で店から客が遠のいてしまうことを心配し、明美に屈辱的な接客を強要していた。

そんな妻の窮状など知る由もない夫は、留置場から明美に毎日、現金や雑誌の差し入れを頼んでくるのだった。

なぜ、自分は夫の尻拭いばかりしているのか、明美はやり場のない怒りを抱えていたが、周囲はそれこそが妻の役目と信じており、同情してくれる人はなかった。

今回の事件をきっかけに、地域で働くホステスたちの中から、客によるセクハラやそれを容認させるような雇用者のパワハラに怒りの声が上がり始めた。放蕩息子に甘い優子に対しても、事情をよく知る地元住民から批判が集まるようになっていた。

インターネット上では、かつて優子の店で働いたことがあるホステスや客たちが、いかにブラックな経営であるかを暴露し始めていた。

これにはさすがの優子も態度を改めざるを得ず、ホステスにセクハラをする客には注意をするようになった。しかし、息子の妻である明美だけは別だった。風評によりスタッフやホステスはやめていき、明美の負担は増えるばかりだった。

ある日の夕方、明美がひとりで店の準備をしていると、早々と常連客のひとりが店に入ってきた。

「なんだかつまんない店になったよね。女の子たちピリピリしてさ」

男はすでに、酔っているようだった。

「旦那さん捕まってるんだから、セックスレスだよね？　辛くない？　ひとりでしてるの？」

こういう会話は日常茶飯事だった。明美が愛想笑いで適当にごまかしていると、男は明美の背後に近づき、いきなり胸をわしづかみにした。驚いた明美は大声を上げ、警察を呼ぶと叫んだ。

男は明美の反応に驚き、平謝りを続けた。

「ママがさ、明美ちゃんだったら何をしても大丈夫っていうから、つい……」

明美はその言葉にショックを受けると同時に、優子への怒りが込み上げてきた。

明美が慎吾と面会するために警察署に行くと、ちょうど、弁護人が接見を終えたところだった。弁護人は、事件後、げっそりと痩せてしまった明美の体調を心配してくれた。明美が苦しい状況をこぼすと、ＤＶ支援団体のチラシを取り出し、すぐ連絡するように促した。

明美は精神的にも体力的にも限界が迫っていたものの、弁護人からもらったチラシを目の前にしてなお、相談する勇気を持てずにいた。

これまでも、トラブルに巻き込まれる度に地域の相談窓口に駆け込んできたが、問題の解決に至ることなどなかった。それどころか、明美が至らないせいだと説教されることも何度かあった。明美は、相談員自身、上から目線で説教するのが好きなだけだと考えるようになり、全く信用していなかった。

明美の母や姉も厳しかった。

「そんな苦労は女だったら多かれ少なかれ経験しているもの。生理が痛いとか出産が痛いとか、いちいち騒ぐ人いないでしょ。女だったら我慢しなさい」

どこの家庭でも女はそのように教育されて育ってきたのだ。明美が愚痴をこぼす度に母親は、「出戻りだけは許さない」と言って、離婚には強く反対してきた。

離婚しても帰るところすらない明美は、セクハラやパワハラにも耐えるしかなかったのだ。

しかし、慎吾が事件を起こしたことで、優子は示談金や弁護士費用など、五百万円以上の出費を余儀なくされた。風評被害で店に客足は途絶え、店がつぶれるのも時間の問題だった。そうなれば、明美の収入もなくなり一家は路頭に迷うことになる。前科がつき、これまで一度も働いた経験がない夫を当てにすることはできない。なんとか生活が保障されていたからこそ、これまでさまざまなことに耐えてこられた。しかし、いよいよ生活自体が立ち行かなくなる危機が迫っていた。明美は弁護人から紹介された相談窓口に駆け込むしかなかった。

慎吾が起こした性犯罪は一件だけにとどまらず、その後、数件の再逮捕が続いた。犯行は悪質で、反省の様子も見られないことから実刑判決を受け、収監されている。明美は、DV支援団体の協力によって、無事に離婚をすることができた。ふたりの子どもを連れて地元を離れ、新たな生活を始めた。

地方に根深い男尊女卑

全国各地から寄せられる相談で、地方で多いのが酒場で起きる性犯罪です。昨今、官僚や権力者によるセクハラ事件や性犯罪が世間の耳目を集め、被害者らが声を上げる

『#MeToo運動』も大きく報道されています。

それでもまだ、家族が、酒の席で女性店員の体を触るなどの迷惑行為を繰り返しているという相談が絶えません。

相手の同意なく、胸や尻を触る行為は強制わいせつ罪に該当します。「セクハラ」ではなく「犯罪」です。都市部では犯罪として立件されるような行為でも、地方では示談で済まされ、犯罪化していないケースが多いのです。

多くの場合、加害者本人は、逮捕されるまでこうした行為を「犯罪」とは認識していませんでした。加害者家族の認識も似ています。「相手は水商売の女性でしょ」などと、加害者を擁護する家族も少なからず見受けられました。女性もまた、誤った価値観を刷り込まれて育っているためです。

男女共同参画社会基本法が制定され、大企業や行政機関では、セクシャルハラスメント防止の研修といった職員の教育が義務付けられるようになりました。

一方で、未だに女性だけにお茶くみなどの役割分業を押し付け、面接では結婚の予定や交際相手の有無を尋ねるなど、プライバシーの侵害をしている中小企業は、地方に存在しています。

都市部では、行政だけでなくＮＰＯなどの民間団体や専門家、自助グループなど被害を受けた人の相談窓口が充実しており、被害者はどこかに駆け込むことが可能です。

一方地方では、こうした被害者の受け皿が圧倒的に足りないことに加えて、狭い地域ゆえに相談員が顔見知りで被害を打ち明けにくい事情が生ずるなど、相談窓口が機能していないことが問題です。

こうした地域格差を是正していくことが、地方での性犯罪を減らしていくための課題だといえます。

第七章「男らしさ」に苦しむ男たち

美少年の苦悩

杉浦哲平（二十代）は、中学を卒業してから恐喝、暴行、傷害などあらゆる犯罪行為を繰り返し、刑務所を出たり入ったりの人生を送ってきた。今回は、三人の女性に対する強姦罪で十年の実刑判決が下され、量刑不当を理由に控訴をしている最中だった。

「一回やったくらいで十年とかありえないでしょ？　示談金だって払ったんだし」

反省のかけらもない息子の様子に、母親の弓子（六十代）は途方に暮れていた。

「これまで何をしても息子は変わりませんでした。逮捕の度に呼び出されて、弁償やら弁護士費用やら支払わされ続けています」

弓子は仕事をしていなかった。事件の処理にかかる費用は、内縁の夫が負担していた。哲平の父親は、哲平が中学生の頃に病死していた。弓子はその後、現在の内縁の夫と知り合い同居してきた。内縁の夫は有名な企業に勤めており、息子の事件が仕事に影響することがないように、入籍は控えてきた。

弓子は哲平が事件を起こす度に、カウンセラーや宗教家に話を聞いてもらったり、親としてできる限りのことをしてきたつもりだった。それでも、哲平は変わるどころかその犯行はエスカレートするばかりだった。

「あの子、今度は人を殺すんじゃないかと思います。そうなるくらいなら、一生刑務所にいてほしい……」

弓子の精神はすでに限界を迎えていた。十年という判決に胸をなで下ろしたというのが本音だった。刑務所にいる限り、家族は安心して暮らせるからだ。

哲平が問題を起こすようになった時期は、父親が亡くなってまもなくだった。これまで哲平の事件に関わった専門家の多くは、父親を失った喪失感が問題の根本であると分析している。

「親父にはよく殴られたから、いなくなって清々したところはある。大酒飲みだったし、病気になるのも仕方ない」

哲平は亡き父親について淡々と話した。決して無理をしているようには見えなかった。

哲平の肌は真っ黒に焼けていて、二の腕には刺青が入っているが、体は細身で小柄だった。顔はぱっちりとした二重瞼で鼻が高い美男子だった。

「子どもの頃は色が白くて、よく女の子と間違われたんですよ」

弓子にとって哲平は可愛くて仕方ない子どもだったが、父親はそんな哲平を男らしく育てようと、度々暴力を振るっていたという。

美少年だった哲平は、学校でも女子から人気があった。タレントにならないかとスカウトされたこともあった。哲平は音楽が好きだったことから、興味を持ったにもかかわらず、父親は、

「男が歌ったり踊ったりするなんてみっともない」

と言って反対した。肉体労働をしていた父親は、酒に酔っては暴れ、哲平に暴力を振るった。

「なよなよするな！　女みたいで気持ち悪いぞ！」

と父親にいつも容姿を貶《けな》され、哲平は内心傷ついていた。

隠された被害者

ある日父親は現場で倒れ、病院に運ばれたときには、すでに癌が進行していることがわかった。父の死後、一家は大黒柱を失い、母子は路頭に迷うことになった。

弓子は近所の食堂で働くようになった。哲平もよく店の手伝いに行き、食事を出してもらうなど面倒を見てもらっていた。その店の客として知り合ったのが、現在の弓子の内縁の夫、藤村だった。

藤村は、毎日のように店を訪れ、母子に親切にしてくれた。藤村は独身で、すぐに弓子に結婚を申し込んだ。

哲平は、藤村を嫌っていた。それは昔から弓子も知っていた。

「藤村さんにはいつも助けてもらっているのに……。本当の父親のように思えとは言わないけれど、いい加減迷惑をかけるのはやめてくれないかしら」

哲平はまもなく三十歳を迎える大人だ。家族に連絡が来たからといって、家族が息子の面倒を見る義務もなければ、事件の処理にかかる費用を負担する義務もない。放っておけばいいものを、弓子が頼んだわけでもないのに、なぜ藤村は毎回、百万円単位の金額を簡単に援助するのか。

藤村は、弓子と付き合い始めてしばらくして、哲平たちと一緒に暮らすための新居を用意した。新居は、これまで哲平たちが生活してきた家とは比べ物にならないほど立派な家だった。藤村は、弓子にしばらくは仕事を続けてほしいと言い、家政婦のパートを紹介した。当時、哲平は中学生だった。

弓子は、昼過ぎに出かけて夜九時頃に帰宅する生活になり、哲平は、夜、藤村とふたりで過ごすようになった。哲平はスポーツより音楽が好きだったが、亡くなった父は、華奢な哲平に筋肉をつけて男らしくなることしか望まなかった。楽器がほしいなどと言えば、容赦なく鉄拳が飛んできた。

藤村は、ギターや天体望遠鏡など哲平がほしいというものを自由に買い与えた。藤村に対して遠慮がちだった哲平もだいぶ慣れてきた頃、事件は起こった。

哲平が風呂に入っていたとき、藤村が扉をノックした。

「哲平君、一緒に入っていいかな？」

と言われ、哲平は嫌だったが断ることもできずに頭を洗い続けていた。すると、藤村は裸で頭を洗っている哲平の真後ろに座り、石鹸をつけて哲平の体をまさぐり始めた。哲平は、くすぐったいのでやめてほしいと拒絶しようとしたが、藤村は性器を触ったり肛門に指を入れたりした。突然の予想だにしない出来事に、哲平は体が動かなくなっていた。

しばらくして弓子が帰って来ると、哲平はすぐさまさっきの出来事を弓子に話した。

「ちょっと哲平、何言ってるの？　お父さんとも一緒によくお風呂に入ったじゃない。体洗ってもらったでしょ」

弓子は哲平が言っている意味が理解できなかった。

「あいつは頭がおかしい。変態だ」

そう罵る哲平を、思わず弓子は叩いてしまった。

「哲平君、申し訳ない。どうしても父親みたいなことがしたかったんだ。もうしないから。弓子さんも叱らないで」

口論をしている親子の部屋に、藤村が入ってきて宥めた。

哲平はその日、一睡もすることができなかった。哲平は翌日学校に行き、担任に夕べの出来事を思い切って相談した。

「それはおまえ、気にしすぎだよ。変に受け取らない方がいいぞ。藤村さんのことは俺もよく知ってるけど、彼は人格者だから」

担任は、哲平が受けた屈辱感と恐怖を理解してくれる様子は微塵もなく、哲平が泣きながら訴えているにもかかわらず、哲平の話を聞きながら大声で笑っていた。

それに加え、加害者を「人格者」とまで言って、哲平の傷口に塩を塗った。哲平は、この瞬間、二度と大人を信用しないと心に誓った。

家族と社会への復讐

その日、哲平は母親が帰って来る時間まで街をうろうろしていた。空腹に耐えきれず家に帰ると、藤村が心配そうに出迎えた。

「哲平君、昨日は申し訳ない。いきなりで驚かせたね。もう二度とあんなことしないから、これから安心して帰っておいで」

哲平は、また藤村に襲われたときのためにと、ポケットに果物ナイフを忍ばせていた。しかし、藤村は意外な提案を持ち掛けた。

「哲平君もそろそろ大人だからわかるだろう。これからは約束を決めよう。タダでは頼まないから。お母さんのためにも僕がいた方がいいのはわかるよね」

そして、昨夜の行為の対価として五万円を渡してきた。

「時々頼むよ。金額はその都度相談しよう」

哲平は悔しかったが、母親のことを心配し、何も言うことができなかった。哲平は、学校をさぼるようになり、藤村からもらった金でゲームセンターなど街をふらつくようになった。哲平は、男性から襲われる恐怖に苛まれるようになり、この頃から体を鍛えるようになった。強くなっていく自分を試すように、よく喧嘩をした。

金がなくなると、藤村に体を触らせて金を要求した。生活が荒れていく息子を見て弓子は心配したが、哲平は藤村を利用して母親に余計な干渉をさせないようにしていた。

その後、哲平は、高校に進学することもなく、犯罪を繰り返した。殺人以外のほぼすべての犯罪に手を染めたという。

「犯されるぐらい大したことじゃないだろう。女なんてそのためにいるようなもんだ」

哲平は女性を侮辱し自分の犯罪を正当化するが、その背景には性的被害を受けながらも、誰からも助けてもらえず苦しんできた過去が存在した。

哲平の告白に、弓子は混乱するばかりだった。

「私にはよくわからないんです……。藤村さんがまさか……、社会的地位もある方だし……」

弓子は、性癖といったことに疎いところがあった。

「ひとつだけ、思い当たることがあります。藤村さんと私は、これまで一度も関係を持ったことがないんです。お互いいい歳だし、そんなものなのかと思っていたのですが……」

大酒飲みでよく暴れた夫に比べれば、仕事もでき紳士的な藤村は、弓子にとって理想の夫だった。疑いたくないのも無理はないが、母親の無理解が哲平の怒りに拍車をかけていたことは間違いない。

その後、弓子は藤村と別れ、ようやく息子の心の傷と向き合い始めた。

優秀な姉への劣等感

「姉をレイプする妄想はよくしていました。勘違いしないでください。姉に魅力を感じるわけではありません。妄想すると憎しみが収まるんです」

野口真一（二十代）は、四件の住居侵入及び強姦致傷罪で十年の実刑判決を受けて服役している。父親は教師をしていたが、息子の事件報道で転職を余儀なくされた。

真一は、おとなしい性格で学生時代、いじめに遭うこともあったという。高校卒業後、大学進学を目指していたが、希望の大学には合格できずに浪人生活が続いていた。志望校のレベルを下げても大学に受かることはなく、次第に外にも出ずに自宅に引きこもるようになっていった。

真一には二歳年上の姉がいる。姉の真美は、真一とは対照的に活発でリーダータイプの女性だった。両親曰く、真美は弟思いで、よく面倒を見ており仲のよい姉弟だったという。

真一が逮捕される一年ほど前、真美が突然家を出ていくと言い出したことがあった。真美は泣きながら荷物をまとめ、理由を尋ねる両親に「あいつのせいだよ！　あいつに聞いて！」と泣き叫びながら真一の部屋を指さし、ボストンバッグを片手に家を出て行った。真一に何があったのか問い詰めても、答えはなかった。

両親は心配になり、真美の勤務先に連絡をすると、その日は休むという連絡があったという。翌日、家族のもとに、真美の支援団体のスタッフを名乗る人から電話が入った。その女性は、真美が安全な場所に避難していることを伝え、週末に家族に事情を説明すると伝えた。

週末、両親が、指定された場所に向かうと、真美とスタッフの女性が待っていた。スタッフの女性は、「真美さんからお話ししたいということです」と話を切り出し、俯いていた真美は顔を上げた。そして、

「真一から辱められた……」

そう言って、真美は泣き崩れた。真美はしばらく支援団体が提供している部屋から出

勤するという。ひとり暮らしのための物件が見つかり次第、引っ越すという話だった。

両親は混乱した。まさか、真一がそんなことをするなんて信じられなかった。とにかく、家に戻って真一から話を聞くことにした。

その日、真一はなぜか上機嫌で、友人からもらったという自転車を磨いていた。明日から短期のアルバイトに行くという。ひきこもりだった息子がようやく外に出ると聞いて、両親は水を差すようなことはしたくないと思った。

翌日、アルバイトから帰ってきた真一は、どこか見違えるように輝いて見えた。両親は、真美のことも気がかりだったが、真一と話し合うことは先延ばしにしようと考えた。

姉のおせっかいに苦しむ日々

「姉のおせっかいが死ぬほど嫌でした。僕には僕の生き方があるから、放っておいてほしかったんです」

真一は、自己主張することが得意ではなかった。父や姉は、好き嫌いがはっきりしていて、外食に出かけたときもすぐにメニューを選ぶ。真一が迷っていると、姉は必ず、

「この前、ハンバーグ食べたいって言ってたよね？」

などと言って急かすので、結局、自分の意見が言えずに姉の選択に従うことになった。

進学に関しては、

「お姉ちゃんに教えてもらいなさい」

と姉と同じ文系学部の進学をすすめる親に初めて反対し、理系の学部を受験したが失敗。

「ほらね、真一は絶対、文系の方がいいって……」

そう姉に言われ、とにかく大学だけは出ておかなければと文系に切り替えて受験し続けたが、合格できなかった。父は教師なので、真一にも教職をすすめた。真一はやりたいことが見つけられずにいた。

アウトドアが好きな姉は、家族旅行というと必ずキャンプに行きたいと言った。虫が嫌いな真一は、野外で寝泊まりすることが嫌で仕方がなかった。自分が好きなものは他人も好きだと勘違いし、何でも自分に押し付けてくる姉が嫌で仕方がなかった。

小学校の頃、いじめられていた真一を姉が助けていたという話について、

「もう、武勇伝みたいに言うのやめてほしいんですよ……。あいつ（姉）、自分が褒められたいとき、いつも俺を利用するんだ」

真一は昔から小柄でぽっちゃりとしていて、行動も機敏ではなかった。あるとき、クラスメートの間でゲームで負けた人が掃除をしたり、下校途中に荷物を持つといった遊びが流行ったことがあった。真一はゲームで負け続け、掃除をしたり、荷物持ちをさせられていた。

その姿を見た真美は、すぐさま弟へのいじめを真一のクラス担任に言いつけた。教師をしていた父親も、学校に対して抗議をし、大問題に発展した。それから連日のように、加害児童と保護者が真一の家に謝罪に訪れ、真一は気まずい思いをすることになった。

この件があって以来、クラスメートは腫《は》れ物にでも触るように真一と接するようになり、真一と仲良くしてくれる人はいなくなった。悪口を言われるようなことはなかったが、周囲から、家族に言いつける卑怯な奴だと思われている気がして、学校に通うことが恥ずかしくなった。

真一は、クラスでは目立たない方だったが、クラスメートから嫌われるような存在ではなかったという。

「父は暴力は振るわないけど、『男だから、人の上に立てる存在になれ』といつも言っていました。姉は、いろいろ助けてくれるようだけど、それ自体、俺がひとりじゃ何もできない証のようで嫌でした」

性犯罪で得た万能感

真美が家を出ていく前夜、両親と真美は、引きこもり状態の真一をどうするかという家族会議をしていたという。受験に失敗し続けている真一は、もう受験をする気力をなくしていた。

「大学も出てないし、いまの世の中じゃ、食べていけないだろう」

父親は、それでも真一に大学受験をさせたいと考えていた。真美は、いつものように、家族の意見を伝えるために真一の部屋にやってきた。

真美は、真一に専門学校に行って介護の資格を取るようにすすめた。真一は、全くやる気がしなかった。それでも真美は、介護の仕事をしている友人がいるから一度その人から話を聞くようにというのだ。

乗り気ではない真一が答えを渋っていると、真美は突然怒り出した。

「いい加減にしてよ。あたしに恥かかせないでよね！　あたしの足を引っ張ることだけは許さないから。男なんだからしっかりしろって！」

この言葉に、真一の理性が崩壊した。真一は、真美の部屋に行き、机に座っている真美の口を後ろから強く塞いだ。その状態で、服の中に手を入れて胸や性器を乱暴にまさぐった。服をはぎ取ると、真美を床に押し倒し、真一は自分で自分の性器を擦って真美の体の上に射精した。

これまで姉に暴力を振るったことなど一度もない。真美にとっても、弟からそんなことをされるとは想像もできなかったであろう。真美は騒ぐこともせず、無抵抗だった。その後、真一の部屋に復讐に来ることもなかった。真一は初めて姉に勝ったと思った。

「うちは母親も専業主婦だし、姉も腰かけＯＬで、結婚したら仕事辞めたいから経済力のある男を選ぶって言ってました。なんで俺だけ働け働けって責められなきゃなんないのか……。カーっと頭に血が上って、これまでの怒りが爆発した感じでした」

翌日、泣きながら家を出て行った真美の姿を見て、真一は長年の苦痛から解放されたような気持ちになった。外に出たいという気持ちが湧き、アルバイトの面接予約をすることができた。それ以来、ポスティングのアルバイトをしながら就職に関する情報を集めるようになった。

真一は、家庭教師のアルバイトがしてみたいと思い、小学生なら教えられるかと思ったが、高卒ということで門前払いだった。社会の厳しい現実に直面し、真一は深く落ち込んだ。落ち込む度に、女性にわいせつ行為をする妄想が浮かんでくるのだった。

真一は、ポスティングのアルバイトをしながら、ひとり暮らしの女性宅を物色するようになっていた。鍵のかかっていない扉から侵入し、寝ている女性を確認すると、口を塞いで性行為に及んだ。無抵抗な女性を意のままにすることで、万能感を得ることができたという。

事件は姉へのレイプから始まっていたが、その事実を知っていたのは家族だけである。

真一が逮捕された後、面会に来ているのは母親だけだった。真一は、犯罪者となっても自分を見捨てずに面会に来てくれる母親の姿を見て、ようやく後悔の念が芽生えたという。

性犯罪被害者は女性だけではない

従来、強姦罪の適用は女性に限られていました。男性が強姦されても、刑の軽い強制わいせつなどの適用にとどまっていたのです。二〇一七（平成二十九）年の刑法改正で、強姦罪は「強制性交等罪」に改められ、男性が被害者の場合にも適用されるようになりました。

私は、性犯罪被害に遭った男性を何人か知っていますが、彼らの中で被害を公にした人はいません。男性の被害者が被害を訴えることは、男性から性の対象とされるような弱い男性であることを認めるようなもので、恥ずかしいことと考えている傾向がありますす。それゆえ、女性が被害を訴える以上に事件化（警察介入）し、被害を公にすることが難しい状況なのです。

女性が性被害を告発したとき、事情聴取にあたった男性警察官などから無神経な質問を受けたり「君がキレイだから被害に遭った」など、被害者に原因があるような言い方をされることを「セカンドレイプ」と言います。

男性の被害者もまた、セカンドレイプに遭っています。勇気を持って被害を告白したにもかかわらず、被害体験をからかわれたり、「君が可愛いから」などと被害として認識してもらえないことが多いのです。

セカンドレイプを受けると、社会から見捨てられたという無力感に苛まれ、社会に対する不信感につながります。こうした性被害体験による自尊感情の喪失から、自傷行為をする人もいれば、加害行為をする人もいます。

性犯罪者の中には、被害者は被害体験を恥ずかしくて公にできないと思い込み、逮捕されることはないと考えていた人々もいました。近年、『#MeToo運動』によって、これまで沈黙を余儀なくされていた被害者たちが世界中で声を上げ始めています。

日本でも、強姦被害者が自らの被害体験を綴った手記を出版するなど、これまで蓋をされてきた性犯罪被害の実態が明らかにされつつあります。私は、被害の実態が明かされることによって、被害者は声を上げないと思い込んでいる加害者に警告を与えることができると信じています。

『#ＭeＴoo運動』は男性被害者にも広がってほしいと思います。いじめの問題もそうですが、男性が被害告白をすることを恥だとか、男らしくないと考えることは間違っています。特に性犯罪に関しては、可視化されにくい男性被害者の声を社会がもっと拾う努力が必要だと考えます。

第八章　犠牲になる子どもたち

お金で育てた息子

「あの子は親が育てたんじゃない、お金に育てられたんです……」

中山かなえ（六十代）は、さまざまな犯罪を繰り返し、刑務所に出たり入ったりを繰り返していた息子が、ついに強盗殺人にまで手を染めたことを知り愕然とした。

息子の洋介（四十代）は、不動産会社を経営する父のもとで裕福な家庭の長男として生まれた。かなえは専業主婦だったが、息子の世話はすべて家政婦に任せていた。

かなえはかつて高級クラブのホステスをしており、客のひとりだった夫と結婚した。

結婚後はお金に苦労することはなかったが、夫はほとんど自宅に帰ってくることはなく、かなえは寂しさからアルコール依存症になってしまった。

久しぶりに帰ってきた夫が告げたのは、会社の倒産だった。まもなく自宅も処分しなければならなくなるという。

洋介は、生まれてから家政婦や運転手といった大人たちに面倒を見てもらっていたが、慣れてきた頃にいつも辞めてしまうので、家ではいつも孤独だった。

父の会社が倒産したとき、洋介は小学生で、詳しい事業を理解できる年齢には達していなかったが、突然、周囲の対応が変わったことは未だに忘れることができないという。

ある朝、いつものように目が覚めて食卓につくと、朝ごはんの用意はされてなかった。厳しい顔をして忙しそうに働いている家政婦のところに行くと、

「あんたに作ってやるもんなんかないよ。あんたの父親は本当に馬鹿だね。いつかこうなると思っていたけど……」

と怒りを込めた口調で洋介に言ったのだ。運転手も、洋介が何度話しかけても返事をしてくれなかった。洋介が学校に行くこともできずに自宅をうろうろしていると、次々といろいろな人たちが自宅に入ってきた。

「あの馬鹿、子どもいたんだな」

ひとりの男が洋介を見てそう言った。男は洋介の頭を摑むと、

「おまえ、かわいそうだな。明日から、生まれてきたことを後悔するぞ」

と馬鹿にしたように笑いながら洋介の頭を撫で回した。

この日、洋介は、突然家に入ってきた見知らぬ男たちから数時間にわたって殴る蹴るの暴行を受けたという。

「奴らは父の悪口を言いながら、僕を殴ったり蹴ったりしました。僕を裸にして、ホースで水をかけて、震える僕を見て面白がっていました」

その日の夜、外出していたかなえが家に帰ってくると家中が荒らされていた。かなえは、床に倒れ込んでいる洋介を抱えて自宅を後にした。

夫の自殺と三度の再婚

「お父さんは？」

眠りから覚めた洋介が尋ねた。

「戻って来ない」

「警察？」

「死んだ……」

洋介が父親に会うのは一月に一度もなかったが、それでも二度と会えなくなるとは信じられなかった。

母親の運転する車は、広くはないが小ぎれいな一軒家の前に止まった。

「今日からここで暮らすから」

そう言って連れてこられた家には、どこかで見たことのある男性と中学生の子どもふたりがいた。男は弁護士で、父が亡くなる以前からかなえが不倫していた相手だった。男は優しかったが、子どもたちは父親とかなえとの再婚に反対しているらしく、洋介に対して嫌味ばかり言っていた。

洋介は、この頃から暴力を覚えるようになった。嫌味なきょうだいたちは、暴力で服従させた。転校先の学校でも、なめられないように、すぐ自分から喧嘩をしかけるようになった。洋介は、中学に入る頃にはすでに札付きの不良になっていたが、その変化にかなえは全く気がつかなかった。

「お客さんが来ると、すごく礼儀正しくて褒められていました。家事でも何でも自分でする子だったし、喧嘩して帰ってきたような記憶はないです」

かなえは弁護士の男とは長続きせず離婚し、その後も別の男性と再婚した。次の相手も洋介の父親の知り合いだった。かなえが選ぶ相手はホテルや飲食店を経営して羽振りがよかったが、洋介の父親と同じように仕事が忙しく、家庭を顧みない男性ばかりだった。

「結婚の条件はお金。相手がインテリだと話が合わなくて、すぐにダメになりました。あたしは夜の仕事しか経験がないし、とにかくお金がある男をつかまえなくちゃと必死でした。あたしは学がなかったから、洋介は大学に行かせたいと思っていました」

かなえは洋介を産んだあと、しばらくうつ状態だった。当時は家政婦がいたので、すべてまかせっきりで、父親の死後も親子のコミュニケーションがうまく取れなかった。

とりあえず、毎月多額の小遣いを与えて、不自由のないようにさせていた。

洋介は、父親が亡くなった後、いろいろな人から「父は馬鹿だ」と中傷された。「勉強しないとお父さんみたいになるよ」と、母親にまでよく言われていたことをいつも悔しく感じていた。特別目標があったわけではないが、大学にだけは入りたいと勉強を続けていたので、高校を卒業し、無事大学に入学した。

その頃、かなえはまた離婚すると言い出した。次の相手のあてはないという。いままでのような小遣いは与えられないので、そろそろ自立できる方法を見つけてほしいというのだ。これまでお金にだけは困らず贅沢な生活を続けてきたが、突然援助を打ち切ると言われ、洋介は狼狽えた。

仕送りを断たれて犯罪へ

洋介にはそもそも、「働く」といった概念がなかった。援助が打ち切られるならば、また新たな援助者を探すまでだ。母親の生き方そのものだった。

洋介はまず、そのとき交際していた女性とすぐに別れることにした。これまでのように食事を奢ったり贈り物をすることができないからだ。

高収入の女性といって思いつくのは、ホステスだった。

洋介は、相手を探すために店に通った。あるとき、少し年上のホステスと気が合い、店の外でも会うようにはなったが、なかなか交際には発展しなかった。洋介は高級車を持っており、彼女をドライブに誘った。彼女は車に乗るときは満足げだったが、お金に余裕がない洋介はあまり高価なレストランを選べなかった。彼女はすぐに不機嫌になり、仕事があるから指定の場所まで送ってほしいと言った。洋介は、完全に自分を見下しているような彼女の態度に怒りを覚え、最初の事件を起こす。

彼女を指定された場所まで送るふりをして、人気のない場所まで連れて行った。適当な場所で車を止め彼女を降ろすと、彼女の体を蹴り続けた。顔に傷をつけられたくなかったら土下座をしろと強要し、そのうえで失礼な態度でしたと謝罪させたのだった。

翌日、洋介は暴行罪で逮捕された。執行猶予付き判決を得て、数カ月で社会に戻ってきたが、留置場の中で知り合った仲間からの情報を元に詐欺に加担し、すぐにまた逮捕され、二度目は実刑判決を受けた。出所後は、車上荒らしや、他人のクレジットカードを使用するなど金目的の犯罪を繰り返した。

事件はかなえの耳に入るところとなり、かなえは遠方にある刑務所まで面会に訪れた。

しばらくぶりに見たかなえの様子は、昔とは違っていた。化粧っ気もなく服装も地味で、一瞬、母親とは気がつかないほどだった。

かなえは三度目の離婚をし、現在は、新しいパートナーと暮らしているのだという。パートナーは、小さなレストランを経営しており、かなえも手伝っているということだった。母親らしくない生き方に、洋介は驚いた。

「お金はないけど、寂しい思いをしなくていいから幸せだよ。洋介も早く気がついて」

母親の言葉を理解するまでにはかなりの罪を重ね、それまでに失ったものも数知れないが、洋介はこの言葉だけは忘れていなかった。

結婚詐欺の始まり

洋介が受刑している間、見知らぬ女性から手紙が届いた。木村亜紀（三十代）は、洋介の事件を担当した弁護士事務所の事務員だという。

面会に訪れた亜紀は、これまで交際してきた女性たちと比べると、容姿は格段に地味だった。亜紀は、犯罪者の更生に社会的関心があり、洋介の力になりたいという。洋介にとっても悪い話ではなく、交流を続けることにした。

洋介が、読みたい本は沢山あるがお金がないというと、亜紀は五千円を差し入れてくれた。洋介は、その後も更生のための勉強として本代が必要だと言い続け、亜紀は毎月一万円差し入れてくれるようになった。亜紀には、出所したら返すと言ったが返すつもりなどなかった。

出所が近づいてきた頃、帰る場所がなくて不安だという洋介に、亜紀は自分の家に来ればよいと言うのだった。洋介は、亜紀を「利用できる女」だと確信した。

予定通り出所後、洋介は亜紀のアパートに転がり込んだ。

亜紀は、明日からすぐに就職活動をするという洋介に、しばらくの交通費と昼食代として五万円を渡した。スーツがほしい、靴がない、携帯も……という洋介の要求に、亜紀はいつも渋ることなく一万円札を差し出すので、洋介はラッキーだと思った。

亜紀が会社に行っている間、洋介は就職活動ではなく、インターネットの出会い系サイトを見ていた。洋介は亜紀と出会った頃から結婚詐欺を企《たくら》み始めていた。

これまで洋介が付き合ってきた女性たちは、服装や交際が派手で金のかかる女性だった。男性にも経済力を求め、貢いでくれる女性はなかなか見つけられなかった。洋介は、亜紀のように、安定した収入を得ている妙齢の女性の方が簡単に騙しやすいと考えた。

そこで、亜紀が出勤した後、インターネットで婚活パーティーの情報を集め、カモを見つける計画を立てた。

婚活パーティーでは飲食店を経営していると偽り、偽の名刺を用意して、目立つ女性は外して地味な女性から声をかけた。

最初に成功したのは、いずみという三十代後半の銀行員の女性だった。洋介は、いずみがお金を持っている女性であるとわかるなり積極的にアプローチを始めた。いずみは実は離婚経験者だった。洋介は、自分も離婚を経験していると嘘をつき、どんどん距離を縮めていった。

「前科者の就職は厳しいね。挫折しそうだ……」

洋介は同居している亜紀の前でわざとそうこぼした。亜紀は、

「焦らなくていいよ、お金の心配はしなくていいから」

そう言って、落ち込む顔を見せる洋介を慰めてくれた。

いつまでも仕事が決まらないと言い続けることはできないので、洋介は、介護の仕事に就くために資格を取ると亜紀に説明し、時間を稼いだ。その間、他の交際女性から騙し取った金で、住む家を見つけるつもりだった。

いずみと肉体関係を持つようになった頃、洋介は詐欺の計画を実行した。毎日のように連絡を取り合っていたのに、突然数日間、いずみからの連絡を無視した。そして数日後、

「大変なことになった……。子どもが友達に大怪我をさせてしまって……」

と、別れた妻が育てている息子が事件を起こし、被害者に賠償金を支払わなければならない状況にあると説明した。いずみは、百万円ならすぐに貸すことができると言い、洋介に渡した。洋介は、事件が落ち着いた頃に連絡すると言い残し、そのままいずみのもとを去った。

こうして洋介は、結婚を焦る孤独な女性を見つけ、自分を信頼させ、母が病気、難病にかかって治療費が必要、実は妻子がいて手切れ金が必要……など、相手に合わせた嘘をつき、ひとりの女性から百万単位の金を騙し取ったという。

十分な金銭を手に入れた頃、洋介は無言で亜紀の家を出た。

女性への復讐

「罪悪感はありませんでした。仕事のできる女たちが、俺の単純な嘘に引っかかっていくのが面白いと感じていました。結婚相手を探すのに必死なところが、母親の姿と被るんです。結局、不幸になっていくだけなのに……」

洋介は騙し取った金で家を借り、新たなターゲットを探して生活していた。最初は何件も同時に金を騙し取ることができたが、成功はそう簡単には続かなかった。洋介は金銭感覚がまともではなく、騙し取った大金もすぐにすべて使い切ってしまった。

残金もわずかとなり、洋介は焦り始めていた。出会い系サイトで知り合った女性に金の無心を続けたが、女性は渋っていた。苛立ちが募っていた洋介は、女性に刃物を突きつけてカードの暗証番号を聞き出し、その後女性を殺害してしまった。

「あの子、人殺しだけはできるような子じゃないって思ってました。私にはとても信じられませんでした……」

かなえは、息子の殺人が未だに信じられないという。

かなえの言うように、洋介は穏やかな顔つきで物腰も柔らかく、暴力的な態度は想像できない外見だった。殺害などせずに、そのまま逃げればよかったのではないのか。なぜ、人の命を奪うに至ったのか。

「刑務所は慣れてるので、捕まる恐怖はありません。言うことを聞かない女にカッとなりました。俺の中にずっと女に対する憎しみがあって、止められなかったんだと思います」

出所後、洋介と同居していた木村亜紀は、洋介の就職を急かすこともなく、生活の援助を惜しまなかった。そのまま彼女と一緒に暮らすことは考えなかったのだろうか。

「俺の中に、女に食わせてもらう自分が許せないというプライドがあったんです。与えてもらうというのが許せないので、奪ったんです」

かなえは、息子が取り返しのつかない罪を犯したことで、初めて自分の人生を顧みて後悔した。かなえには、無期懲役で服役する息子に塀の外で会える日は来ない。

「いつまで生きられるかわかりませんが、親としての償いとして、できる限り会いに行こうと思っています」

優等生から虐待親へ

大村和也（二十代）は、住居侵入罪と強制わいせつ致傷罪で逮捕され、懲役五年の実刑判決が下された。和也は独身の公務員で、地方都市でひとり暮らしをしていた。就職するまで祖母とふたりで生活していた和也は、

「おばあちゃんの面倒をよく見る優しい子でした。野良犬や野良猫によく餌をやっている姿をよく見かけました」

と、近所の人は、物静かだが優しい子どもだったと証言している。学校でも特に問題を起こすようなことはなかった。

両親は、和也が中学生の頃に離婚し、それから和也は母方の祖母、節子（八十代）と一緒に生活するようになっていた。

節子は、孫が事件を起こしたのは、娘である母親の信子が原因だったと考えていた。和也の母信子（五十代）は、小さい頃から成績優秀で運動もよくできる優等生だった。

大学卒業後はしばらく海外に渡り、帰国後は通訳をしていた。三十歳のときに友人の紹介で知り合った会社員の男性と結婚し、和也が生まれた。

和也の外見も性格も信子には似ていなかった。和也はおとなしく、外で遊ぶより家でゲームをしている方が楽しかったが、信子は逞しく育てたいと空手や水泳に通わせた。スポーツは得意だったが、勉強は得意ではなかった。

信子は実家に帰る度に、「和也と自分は合わない、女の子の方がよかった」と愚痴をこぼしていた。小学校に入り、宿題をしなかったり、習い事を休む和也に、信子はいつも腹を立てていた。

「もう、何度言っても和也は言うことを聞かない……。あんな子を見るために痛い思いして産んだわけじゃない！」

信子は節子に会う度に愚痴っていた。確かに、信子が子どもの頃は、親や先生から言われる前に宿題も家での手伝いも進んでやる子どもだった。それだけに、親が急かさなければ何もできない和也に苛立ちを隠せなかった。

和也の子育てを巡って、夫婦喧嘩も絶えなかったという。信子は、和也の出来が悪いのは夫のせいだと夫を責めるようになり、夫は次第に家に帰ってこなくなった。信子は、友人の前で夫の職業や学歴を偽っていた。これには穏やかな夫もプライドが傷ついた。「安月給」「低学歴」など人格を否定する言葉を投げつけられるようになり、夫は離婚を決意した。このような暴言は、いつも和也の目の前で行われていた。和也は相当、心を痛めたに違いなかった。

節子は、信子の暴言について、信子の夫から度々相談を受けていた。「あんたの親族は低能集団」など罵られ、食事中に口論になり、味噌汁をかけられることまであったという。

「このままでは、いつ和也が非行に走ってもおかしくない」

と夫は心配していた。信子は夫に離婚を切り出されても同意せず、和也は自分が引きとると言って聞かなかった。離婚までには時間を要し、長い間、家庭内別居が続いた。

信子は、語学力を生かして、国際支援のボランティアに積極的に参加しており、周囲からは尊敬される存在で、家庭の中でのヒステリックな彼女を知る人などいなかった。

昔から、家庭でも学校でも常に自分が中心で、一番でなくては気が済まない性格だった信子は、息子にも完璧を求め続けた。

虐待が生んだ暴力の連鎖

「A高は諦めたわ……。あんたには到底無理。でも、最低でもB高には入ってね。学費払うのは私だし、B高落ちたら恥ずかしくて外歩けないわ」

中学に入っても和也の成績はパッとせず、信子による暴言や過干渉はとどまることがなかった。信子は高校進学のことでピリピリするようになっていた。

中学三年の頃から、和也は信子に暴力を振るうようになった。信子は夫との離婚が成立し、家庭は信子と和也のふたりだけになっていた。

信子は周囲に、和也は発達障害だと話していた。これは全く根拠のないことだった。見栄っ張りの信子は、和也は発達障害のせいで勉強やスポーツが伸びないという言い訳を作りたかったのだ。

こんなことを言われた本人が、怒らないわけがない。

「俺を馬鹿にするな！」

和也に殴られた信子が夜中に節子のもとに逃げてきたことも一度や二度ではなかった。信子は一時的に仕事ができなくなり、うつ病になっていた。

「ふたりのどっちかが死ぬんじゃないか……、そう思うこともありました」

節子は、当時を振り返ってそう語った。和也が頼れる親族も、節子しかいなかった。

和也が家で暴れるようになった頃、節子は、和也を自分の家から学校に通わせることにし、信子には通院をすすめた。

「和也も和也の父親も普通のいい人です。うちの家族だって特別優秀な家庭だったわけじゃないのに、信子がどうしてあそこまで見栄を張るのか私には理解できません。できる子だったから気がつかなかったけど、もしかしたら心に抱えている何かがあったのかもしれません」

信子には、妹と弟がいた。信子の弟は、信子が抱えていた問題に心当たりがあった。

「親は気がついてないけど、僕は姉にけっこういじめられました」

信子の弟は、笑いながらそう話した。大人になって、信子になぜあのときいじめたのか理由を聞くと、親がどうしても男の子をほしがっていて待望の男の子が生まれて大喜びしている姿を見て嫉妬したのだという。弟に自分の居場所を取られる不安がいつもあり、弟には負けないようにと努力していたと話していた。

和也は、母親に暴力を振るうことはあっても、学校にはきちんと通学しており、一見問題なく学生生活を送っていた。

高校卒業後、公務員試験に合格し、順調に働きだしていた。信子も仕事に復帰しており、それぞれの道を歩き出していたところに、冒頭の事件が起こった。

和也は公務員だったことから、事件は全国的に報道され、信子の耳にも入ることになった。再び仕事が波に乗りかけていた信子だったが、事件後、世間の反応に耐えられず、自殺をした。

母親の死を留置場で聞いた和也は、涙ながらに、

「これでやっと解放された……」

と呟いたという。

犯罪に潜む虐待と家庭内暴力

裕福な家庭の加害者家族には、「子どもたちに三食食べさせ、清潔な洋服を着せて、小遣いもあげているのだから親の務めはきちんと果たしている」と、何不自由ない生活をさせてきたという理由で虐待を否定する親もいました。

しかし、物質的な環境を整備するだけで、子どもが育つわけではありません。逆に、貧しい家庭であっても愛情を受けて育った子どもたちは、安易に他人や自分を傷つけることはしません。

ここでの母親たちは、子どもに暴力こそ振るっていませんが、育児放棄をしてお金だけを与え続けたり、子どもが自分の意に沿わない行動をとる度に人格否定の言葉をぶつけるなど、子どもに対してしてきたことは明らかな虐待です。

子どもを親の望む学校に入れるために、過度に時間を拘束したり、暴力や暴言によって勉強を強いることを「教育虐待」と言います。教育虐待もまた、比較的裕福な家庭で起きた事件の背景に多く見受けられました。親の学歴偏重主義に洗脳され、学歴は得たものの、高学歴ゆえのプライドが邪魔をして社会にうまく適応できず、就職ができなかったり、仕事を辞めてしまう「高学歴ニート」や「高学歴難民」の問題は深刻です。彼らの就職は、刑務所出所者の就職より厳しく、それゆえ、犯罪に手を染めてしまうケースも出ています。

教育虐待に走る親たちには学歴コンプレックスがあり、学歴が低いゆえに努力をしても出世ができないといった差別的扱いを受けてきた人たちでした。子どもには同じ経験をさせたくないばかりに、虐待というレベルにまで至ってしまったのです。

モラルハラスメント同様に、暴力を伴わない心理的虐待は、子ども自身も被害性を認識できずに、表面化しないままこじらせていきます。虐待としての介入がなされていれば、被害者を出さずに済んだことでしょう。

子どもの成長につれて親との立場が逆転し、家庭内暴力を引き起こしていたケースも多く見受けられました。虐待されて育った子どもによる犯罪は、家族への復讐と捉えることもできます。

第九章　家族神話のウソ

地方で独身者は生きづらい

同性愛者や性同一性障害などのセクシュアル・マイノリティと呼ばれる人々の中にも、地方から都市部に移住する人が多いと聞きます。

地方には、都市部に比べれば、マイノリティとして生きていくための情報も、出会いの場も圧倒的に少ないので、必然的に都会で生活する人が多くなると思われます。

地方で幼女殺人事件が起きる度に、「犯人扱いされている」という独身男性からの相談を受けることがあります。これは必ずしも捜査機関から嫌疑をかけられているという意味ではなく、地域の人々から怪しい人物だとみなされているということです。

「お前が犯人じゃないか」といった電話がかかってきたり、近所の人から噂されたり、犯人が逮捕されるまで、挨拶をしてもらえなかったという人もいました。

独身でひとり暮らしの男性は、事件をきっかけに偏見の目で見られてしまうケースがよくあります。働く時間が不規則であったり、無職であればなおさら、近隣住民から不審な目で見られ、犯人ではないかという噂を立てられ、嫌がらせなどを受けたという報告が、これまで何件も寄せられました。

都市部では近所の付き合いは希薄ですが、人口の少ない地域では、付き合いがなくとも顔見知りで、近所の人々から生活の様子を知られてしまっていることはよくあります。

栃木県足利市で起きた幼女殺人事件では菅家利和さんが犯人として逮捕され、無期懲役で服役するという冤罪事件が起きました。

菅家さんも独身で、幼稚園バスの運転手だったことから、小児性愛者だという疑いが向けられていました。二〇一八年に新潟で起きた女児殺人事件でも、犯人が逮捕されるまで、犯行現場近くで生活する独身男性が犯人だと疑われていたと言います。

前にも述べましたが、妻や恋人がいて、しかもセックスレスではない関係からも数多くの性犯罪者が生まれています。むしろ、独身男性の方が自由な性行為の選択肢は多いはずです。独身男性がセックスに飢えているとか、小児性愛者であるという偏見は、冤罪を生み出す要因になっているのです。

最近は、独身女性に結婚しない理由や子どもの有無を聞くことは失礼だと言われるようになりましたが、独身男性が受けている権利侵害もまた深刻だと思います。

こうした偏見から、なんとか息子に結婚してほしいと、親が婚活をしてなんとか相手を見つけているケースもあります。どうしても跡継ぎがほしい農村部の家では、外国人の女性を妻として迎えることも増えています。あくまで子孫を残すための結婚ですから、後に問題が生じることも当然と言えます。にもかかわらず、離婚は「戸籍を汚した」などと言って、未だに恥とみなす人たちもおり、相手を蔑んでいたり、暴力に苦しんだりしながらも離婚せずに結婚生活を続けている夫婦は少なくないのです。

加害者家族に厳しい地方

私は、加害者家族の調査のため全国各地に足を運んできました。すると、「ゴミ捨てに出るのも怖くて……」といった加害者家族の心理状況がリアルに体感できることがあります。

一千件の相談の中で、約四十パーセントにも上る相談者が、事件後、地域に住みづらくなり転居をしたという報告があります。私は、加害者家族が事件後、転居するならば、地方より都市部に移住することをおすすめしています。

もちろん、地方には、都会にはない素晴らしいところが沢山あります。最近、都市部を出て田舎暮らしにハマる人の話もよく耳にします。住む場所を選択できる人はいいですが、地方の閉鎖的なコミュニティで育ち、そこから抜け出せない人にとって、地方は地獄です。

確かに、せわしない都会より、田舎でのんびり暮らしている人の方が、人情味がありそうなイメージがあります。観光に行くと、お店の人がとても親切だったり、食べ物がおいしかったりと、こんなところに住めたらいいなと田舎を羨ましく感じる瞬間もあるでしょう。

しかし、観光や出張で一時的に訪問することと定住することとは、全く別物です。

事件後、東北の田舎に転居した加害者家族がいました。震災で被害を受けた地域でもあったことから、そこに暮らす人々は人の痛みに敏感で、加害者家族であっても温かく迎えてくれることを期待したようです。

ところがその一家は、よそ者というだけではなく加害者家族であったことから、回覧板が回ってこない、挨拶をしても無視されるなど徹底的に排除され、さらなる転居を余儀なくされました。田舎では、よそ者を排除して団結することがよくあります。

有名人や社会的地位が高い人は地方では目立つことから、好意的に受け入れられている実感を持つことができるかもしれませんが、加害者家族も含めたマイノリティにとっては生きづらい場所だと感じます。

親に甘い日本

日本社会は、親に絶対的な権力を与えていると言っても過言ではありません。これは、子どもの権利が社会で保障されていないことの裏返しです。

「子どもを殺して私も死ぬ……」

子どもが罪を犯した親たちが、自責の念に苛まれながら、こう口にして涙する瞬間を私は何度も見てきました。我が子をこの手で殺めなければならないほど追いつめられている親の苦しみに、共に涙したこともあります。

それでも、加害者となっていく沢山の子どもたちの背景を知ったいま、「子どもを殺して」という言葉には異議を唱えます。たとえどれほど追いつめられたとしても、親に子どもを殺す権利はありません。子どもは親の所有物ではないのです。

子どもの加害行為に苦しむ親たちが、親の責任として我が子を殺害しなければという思いに駆られるのは、子どもの人生すべてを親が管理する発想が根付いているからだと思います。

日本で子どもを殺した場合、親に処せられる罰は非常に軽いと言わざるを得ません。アメリカで子殺しは、無抵抗な子どもの命を大人が奪う重大な罪と捉えられ、第一級殺人で無期懲役などの重い刑に処せられることもあります。

一方日本では、場合によっては執行猶予付き判決が下ることさえあります。当然、加害者の親には酌むべき事情が存在し、刑務所に収容されることがいいと考えているわけではありませんが、自由に生きられるはずの子どもの人生すべてを奪った罪にしては、あまりに軽い刑ではないかと考えます。

日本では、子どもの権利が正しく理解されていないことから、子がひとり残されるならば、道連れにした方がよいという身勝手な大人の論理がまかり通っているのではないかと感じます。

さらに日本では、血のつながった親子関係が重視されており、親がいなくなった子どもは不幸だという思想も影響しているでしょう。しかし、親がいなくても子どもは育ちます。

不幸かどうかは、生きてみなければわかりません。生きる権利を否定する理由には到底なりえないのです。

逆に、子どもが親を殺した場合はどうでしょうか。日本では、かつて刑法に「尊属殺人」という規定がありました。尊属殺人とは「自己又は配偶者の直系尊属を殺す罪」で、殺人罪とは異なり、死刑または無期懲役に処せられます。

この規定は、一九七三（昭和四十八）年の最高裁判所判決で、憲法一四条が規定する法の下の平等に反するとされ、一九九五（平成七）年の改正により削除されました。子殺しの刑が軽いのに対して、親殺しは死刑、または無期懲役でした。

尊属殺人の違憲性が争われた殺人事件で、父親を殺した女性は、実の父親から度々強姦され、五人の子どもを出産していました。恋人ができた娘に嫉妬し、暴行を加え続ける父親から逃げようとして殺害に至ったのです。

実際、親を殺害した子どもの背景には、厳しい躾やきょうだい間での差別が存在していることも少なくありません。子どもは親を選べないにもかかわらず、重い処罰を規定していることは明らかな人権侵害です。

家庭はブラックボックス

「平成二十九年版犯罪白書」の殺人事件に関する諸外国の比較では、二〇一四年の日本の殺人発生件数は三九五件であり、米国一四一六四件、英国五九四件と比べて治安のよい印象を受けます。

しかし、日本の殺人事件の約半数は親族間で起きているのです。

つまり日本では、他人に殺されるより、家族に殺される確率の方が高いということになります。まさに、親密圏という無法地帯の恐怖です。

朝鮮日報によれば、二〇一七年に韓国で起きた殺人事件の五件に一件は配偶者間で起きており、日本や韓国のように家族関係が密な国でこそ家族間殺人が多いと言われています。

家族関係が密であることが、必ずしも関係が良好であるとは言えないということです。他人の前なら我慢できることでも、どうしても本音が出てしまったり、感情が爆発してしまうのが家庭です。

実際に、会社や学校ではおとなしい人が、家庭で暴れているケースは多々見られます。家庭内で殺人が起きる背景には、DVや虐待が潜んでいる場合が少なくありません。当団体に持ち込まれるケースは、たいてい事件が起きた後なので、事件の背景を探っていく過程で、ようやくDVや虐待といった問題が発覚するのです。

もし、DVや虐待として適切な介入ができていたならば、こうしたケースが殺人事件にまで発展しなかった可能性は高いと言えます。

加害者家族への制裁は犯罪抑止にはならない

日本で加害者家族支援が長年放置されてきた背景には、家族が犯罪者同様に社会的制裁を受けることが犯罪抑止になると考えられてきたことが大きいと思います。

しかし、このような家族連帯責任思想は、犯罪抑止どころか犯罪を助長したり誘発するリスクを抱えているのです。

「家族に迷惑をかけるから、悪いことをするのはやめておこう」という発想は、家族との関係が良好な人からしか生まれません。

悪い誘惑に直面したとき、家族の存在が抑止になるならば、その時点で理性が働いていると言えます。しかしほとんどの犯罪は、追いつめられ理性が働いていない状態で起きているか、「捕まらないだろう」という過信の下に行われているのです。

捕まらなければ、家族には迷惑がかかりません。痴漢をする人の多くは、この程度なら相手は騒がないと考え、詐欺や横領をする人も、後で返せばよいと思っているうちに金額が膨れ上がるのです。

DVや虐待の被害者を放置せず、加害者家族も支援していく方が、罪を犯していない家族に制裁を加えて排除するより、よほど高い犯罪抑止効果を期待できます。

家族ができると人は変わるか

一般的に、家族ができることによって人は成長すると考えられていますが、暴力や浪費、浮気癖のような問題行動が、家族ができたことによって治まるわけではありません。家族の問題行動に悩まされてきた人々は、結婚や出産という環境の変化が、加害者の社会的責任を自覚させる転機になるという期待を抱きます。しかし、変わったように見えるのは最初だけで、家族が増えたことによってむしろ犠牲は拡大していくのです。

暴力や浪費の背景には、その人自身が家族から日常的に暴力を振るわれていたり、家族が暴力を振るわれるところを見ていたりと、生育歴の中での、人への接し方やお金の使い方に関しての間違った学習があるのです。

当たり前として身に付けてきた感覚を正しくないことだと認識し、行動を改めていくには、時間を要します。実際、心理教育によって行動が改善されていくケースはありますが、パートナーができたり子どもが生まれたりしたことで、自然に問題行動がなくなるということはないと考えた方がよいでしょう。

報われない自己犠牲

先の事例でも紹介しましたが、家族のために自分を犠牲にする人々は「よくできた妻」などと美化されてきました。しかし、私がこれまで長期的に加害者家族と関わる中で、家族が我慢をすることで加害者の問題行動が治まったケースは見たことがありません。

むしろ、家族が加害行為を許容してしまうことで、加害行為は助長されます。自分さえ我慢すればよいという考えから、本来加害者が果たすべき責任を肩代わりし、尻拭いを繰り返すことは、加害者の責任を曖昧にし、結果として同じ事態を招くことになるのです。

他人にとっては「加害者」でも、家族にとっては大切な家族のひとりです。いいところも知っている関係ゆえに、見捨てることはできないという感情も出てくるのが人間でしょう。

しかし、問題行動を繰り返す加害者が頼るべきは、家族よりも適切な助言をしてくれる専門家や専門機関です。家族の限界を認識し、第三者に委ねることで事態の悪化を防ぐことができるのです。

子どもの前で行われる夫婦間の暴力は「面前ＤＶ」と言われ、子どもの脳の発達にも重大な影響が出るという研究報告があります。

配偶者の暴力に耐えるなどの我慢は、暴力を許容し助長するだけではなく、子どもの傷をさらに深めることにもなるのです。

家族は更生の支え手なのか

事件が起きると世の中は、一様に犯罪者を出した責任を家族に問います。家族といっても、加害者との関係や事件との関わりによって、個人が負う責任はさまざまです。実際、責めを負ういわれのない家族もいれば、責任を追及されても仕方のない家族もいます。

罪のない人の命が身勝手な理由で奪われるような重大事件が起きると、被害者だけではなく、世の中でも処罰感情が高まります。誰かを罰しなければ気が済まないという怒りの矛先は、加害者家族に向けられます。

事件報道の直後は、人々の処罰感情はピークに達しています。加害者家族に責任があるかどうかはもはや論外で、とにかく誰かを吊るし上げたいのです。

原因が見えない捜査段階での連帯責任議論からは、一時的な応報感情を満たすだけで、次に犯罪が起こらないための教訓を導くことはできません。

家族は事件の責任を厳しく追及される一方で、更生の支え手としての役割も期待されてきました。つまり犯罪の原因であると同時に、再犯抑止要因でもあるということです。

この論理は、事件が起きた原因が家庭環境によるところが大きく、家族も病理を認識し、加害者と家族双方がそれぞれケアや治療を継続している場合に成り立つ論理です。

犯罪の原因となっていた家庭が、自然に再犯抑止の場に変化するとは考えにくく、専門家などの第三者の介入が不可欠です。こうした介入を行うのがまさに、加害者家族支援の役割です。家族が必ずしも更生の支え手としてふさわしいとは限らないのです。

司法の限界

家族の再犯抑止機能は、重要視されながらも実証例は少なく、一般的な家族幻想に基づく仮説として主張されてきたように思います。

裁判所も家族神話信仰が強いと感じます。刑事裁判で、被告人の罪を軽くする「情状証人」として家族が証言することがあります。「家族が監督するので執行猶予を与えてください。刑務所にいる期間を短くしてください」と証言するのです。

虐待に気がついていない親や共依存関係にある夫婦のように、犯罪の要因となっている家族が、情状証人として証言したことがありますが、裁判所から問題を指摘されることはほとんどありませんでした。

刑事裁判では、あくまで家族がいるという事実のみが重視され、具体的な関わり方にまで言及されることはありません。

しかし、真面目な加害者家族は、法廷で証言した言葉を実行します。同居家族は特に、加害者が隠れて悪いことをしていないか、悪い仲間と付き合っていないかなど、再犯への恐怖から見守りというより監視的態度になっていきます。

同居人といえども、四六時中監視することは物理的に不可能です。むしろ、こうした家族の監視的態度が加害者の自尊心を傷つけ、日常的なストレスから再犯という悪循環を引き起こすこともあります。

そもそも裁判は、責任に応じた量刑を判断するところなので、裁判で家族病理を検証するには限界があります。

それゆえ、本書で紹介した事件は裁判の過程で複雑な家庭環境や人間関係にまで言及されることはなく、「性的欲求」「痴情のもつれ」「金銭目的」といった単純な動機の下に行われた犯行として判決が下されていました。

法は、一般通常人の判断基準、つまり、常識を中心に規定されており、法律家は常識的な見地からしか犯罪を分析していません。

しかし、犯罪は、異常な心理状態の下で起きています。この異常性を理解しなければ、事件の本質に迫ることはできないのです。

家族がいるだけで更生可能性が高まるといった家族神話に基づく一般論が、家族に我慢を強いたり、監視行動を正当化するなど、家族を間違った方向に導いてきた点は否めません。

加害者家族は他人事ではない

本書で紹介した事例の半数は性犯罪です。法改正によって厳罰化され、社会的関心が高まっていることから、性犯罪が急激に増加したような印象を受けます。

しかしこの印象は、被害者の相談窓口が設置され、捜査機関でも女性による対応が義務づけられるようになったことで、被害者が声を上げやすくなり、従来は事件化されなかったケースが犯罪として取り締まりを受けるようになったことが大きいと考えます。昔も性暴力は当たり前のように行われていたのではないかと思います。

同様に、セクシャルハラスメントやパワーハラスメントという概念が確立されていなかった時代から、このような行為は横行していましたが、問題視されなかっただけなのです。スポーツ界のパワーハラスメントや大学でのアカデミックハラスメントなど、特殊な世界で通用していることも問題とされる時代となりました。

このような人権の歴史は、正しい流れだと思います。

一方で、体罰なども含め、伝統的に行われていた行為が違法な行為とみなされるようになってきたということは、伝統的な価値観に従って生きている「普通」の人も、加害者になりえることを意味します。

身内が加害者になるということは、決して他人事ではないということです。

第十章　加害者家族からの解放

加害者家族の崩壊と再生

加害者家族は、家族の逮捕や訴訟の提起によって、初めて家庭の問題が明るみになり、離婚や一家離散に至るケースもあります。

私は、数多くの事件に長期的に関わる中で、事件は、幸せな家族に起きた突然の不幸というより、家庭の中に押し込められていた問題が顕在化するきっかけだったと考えるようになりました。

事件後、家族はこれまでの生活を続けることができなくなり、変化を余儀なくされます。事件によって失ったものは大きいかもしれませんが、失ったことによって楽になったという人も少なくありません。

家族なしでは生きていけないと思い込み、あらゆる苦難に耐えてきたけれど、いざ失ってみると、楽に生きていけることがわかったという人もいます。事件後にようやく、自分の人生を取り戻すことができたという人もいました。

時間を戻すことはできませんが、事件からどのような教訓を見いだすのか、それによって加害者家族のその後の人生が開けると言っても過言ではありません。

事件後、加害者と関係を続けていく人、別れる人、家族としての決断はさまざまです。時間の経過によっても、事件の捉え方や加害者への感情は変化します。

離散した家族が再び一緒になったり、また離れたりすることも自然です。

大切なのは、個人として無理のない生き方を、自らの意志で選択することなのです。

離婚は恥ではない

離婚した人に「おめでとう」と言う人はいないかもしれません。別れはマイナスのイメージで捉えられているからです。

しかし実際は、それぞれが抱える問題から解放された証しであり、新たな人生のスタート、転機であって、祝福されるべきケースもあると思います。

離婚をした人より、離婚を決断できない人の方がより苦しい思いをしていました。

未だに離婚を恥だと考える人もいます。現在ではひとり親家庭も増えていますが、私が幼い頃は少数派でした。それゆえ、子どもに肩身の狭い思いをさせたくないと、不幸な結婚生活にも耐えていた人は多いでしょう。いまでも子どものことを考えて離婚を決断できない人もいます。

しかし毎日、夫婦の不仲を見せられる子どもはたまったものではありません。本来、安心できるはずの家庭が、気を遣わなければならない場所となってしまうのです。不幸な結婚生活の継続が、犯罪につながってしまったケースも数多くあります。そういった夫婦は「子どものため」と言いながら、実際に気にしているのは世間体なのです。

結婚相手を選ぶにあたって相手を見抜くことができなかったと自分を責めている人もいますが、家族になってみなければ気がつくことができないことが多々あるのが現実です。

離婚は個人の決定であって、他人に評価されることではありません。決断にあたっては、世間や他の家族を気にするより、自分自身と向き合うことが何より重要です。

家庭でこそ意識すべきこと

人が集まるところには多かれ少なかれ、対立や問題が生じます。家庭で起きる問題をこじらせないために、日頃から気をつけておいた方がいいことを述べていきます。

犯罪の種は、日常の思わぬところに潜んでいます。事件を見る限り、何か特別なことから犯罪が生まれるわけではなく、日常的に行われてきたことに原因があることが圧倒的に多いのです。

その典型例が「お節介」です。自分にとっていいと思うことが、他人にとってもいいこととは限りません。お節介は、価値観の押し付けでもあり、親のお節介は子どもの考える力を奪う結果にもつながります。行きすぎるとプライバシーの侵害に発展し、「過干渉」とも呼ばれます。

家族の過干渉によるストレスが犯罪に発展したケースは、多々あります。干渉している側に悪いことだという自覚がないので、徐々にエスカレートしていきます。

過干渉の家族ほど、加害者の心を理解できていないものです。一方的に自分のいいと思うことを押し付けているだけで、相手の話を全く聞いていないのです。相手の反応を見る余裕があれば、お節介だということに気がつくはずです。

特に親子関係では、世代によって、過ごしてきた子ども時代は大きく変化しています。自分が育った時代には理解できないことも増えているはずです。子どもだからといって、自分の物差しで判断するには限界があります。

本書で紹介してきた事例のように、問題をこじらせて他人を巻き込んで崩壊していく家族と、問題が起こっても乗り越えていく家族の違いはなんでしょうか。

前者は、日頃、家族同士が干渉し合っているにもかかわらず、問題が起きるとバラバラになります。

後者は、家族間に適度な距離感があり、困ったときこそ団結力を発揮します。私は緊急時にこそ団結できる家族が強いと思います。いざというときにこそ頼れる関係になるには、過度に密着するよりも、家族間に適度な距離を保つことが必要ではないかと思うのです。

暴力・人格否定は何も生まない

凶悪犯の家族も含めて、私がこれまで接してきた加害者家族の大半は、暴力団などの特殊な環境にいた人々ではなく、普通の社会生活を送ってきた人々でした。それゆえ、子どもが罪を犯した親たちは、それほど常識からかけ離れた子育てをしてきたわけではありません。

ただし、「常識」という概念は、時代によって変化します。例えば、教師が生徒に暴力を振るうことは現代では「体罰」とみなされますが、昔は「指導」の一環として問題とされることはありませんでした。家庭での虐待も同様に、「躾」として正当化されていました。

こうした常識の変化に対して、人権を主張しすぎることで子どもが弱くなった、怠け者になったと批判する人がいます。また、事件になるほど暴力を振るう人はよほどおかしい人、自殺をする人は弱い人と考えている人もいるかもしれません。

暴力も嫌がらせも、きっかけは些細なことで、それが徐々にエスカレートするのです。

事件に発展させないためには、暴力の根を絶たなければなりません。

同じ暴力を受けても、その心理的影響には個人差があります。屈辱的な体験をバネにする人もいますが、自尊感情が低い人は心理的ダメージが大きく、自分を弱い人間だと卑下し、劣等感を抱くようになります。多くの事件は、加害者の劣等感に起因していたことは繰り返し述べてきました。

暴力や暴言を伴う厳しい指導があったからこそ、受験やスポーツで成功できたと考える人もいるかもしれません。しかし、そのような乱暴な方法を用いなくても成功に導く手段はいくらでもあるのです。

恐怖を与えて精神的に追いつめる方法は、短期的な成功を生むことがあるかもしれませんが、その後の人生をダメにしてしまうリスクの方が高いと私は思います。

人に迷惑をかけてはいけないのか

加害者家族の親たちは、必ずと言っていいほど「人に迷惑をかけてはならない」と子どもに教育してきました。学校でも家庭でも、多くの人がそのように教育されたのでははないでしょうか。

つまり、自分のことは自分でする、他人に甘えてはいけないということです。

しかし、ハンディキャップがあって、他人の力を借りなければならない人が必ず存在します。子ども、高齢者、障がい者などマイノリティは誰かの力を借りなければ生きていけません。誰しも誰かの世話になって育ち、年を取ればまた誰かの世話になって生涯を終えるはずです。本来、生きるということは、少なからず人に迷惑をかけることだと思います。

他人に迷惑をかけてはならないことをつきつめると、迷惑ばかりかける人は生きていてはならないという思想にもつながっていきます。加害者家族の親たちは、子どもを甘やかした人より、むしろ厳しく育てた人の方が多いのです。

特に、女性の方により負担がかかっていると思います。結婚して子どもを産み育て、仕事もバリバリしている女性は、現代では珍しくありません。両親や夫など女性をサポートしてくれる体制が整っているならまだいいのですが、相当な無理をしている女性も少なからず存在します。

無理をしている人は、子どもにも無理を強いる傾向があります。「私がこんなに頑張っているのに、あんたは怠けて……」と次第に虐待に向かうのです。自分に厳しすぎると、どうしても他人にも厳しくなります。

子どもは逃げ道がありませんので、親の期待に応えられなかった子どもは自尊心が低くなり、非行や不登校、自傷行為に走ることがあります。

逆に、完璧に親の期待に応えた子どもは順調に育つかというと、犯罪や加害行為という形で、幼少期に堪えていた我慢が爆発することがあります。

臨床教育学者の岡本茂樹氏は『反省させると犯罪者になります』(新潮新書、二〇一三年)という著書を出版されています。このタイトルは、加害者に反省させなくて本当によいのだろうかと、世の中に衝撃を与えました。

しかし、このタイトルは嘘でも大げさでもなく、真実なのです。

岡本教授は、篤志《とくし》面接委員という立場で、数多くの受刑者と長期的な関わりを持っており、本書はその経験をもとに書かれています。岡本教授は、「犯罪者には反省を」という常識を、現場の経験から覆《くつがえ》しました。

反省の言葉を繰り返させることは、罪を改めることにはつながりません。本当に罪を悔い改めるならば、なぜ罪を犯してしまったのか、その原点まで遡《さかのぼ》る必要があります。表面的な反省の言葉を求めるのではなく、罪を犯した人がそうしなければならなかった状況や感情に焦点を当て、否定的な感情を受け入れていくことこそが、更生につながるのです。

「人に迷惑をかけてはいけない」という常識も、そろそろ考え直す時期ではないでしょうか。共同体で生きていくうえでは、「助け合って生きていきましょう」というポジティブな教育の方が生き方を楽にするはずです。

依存する人に多い完璧主義

犯罪の背景に依存症がある例は多く見られました。一般的に「依存」というと、甘えん坊で人に頼ってばかりいる人と思われがちですが、依存する人の多くは、むしろ日常的に甘えたり人に頼ることが苦手な人たちなのです。

人に頼ることができないのは、プライドが高い、裏を返せば自信がないのです。弱さを見せることで、見くびられたり、馬鹿にされたりすることを極端に怖がり、ちょっとした言葉でも受け流すことができずに全否定と捉えてしまう傾向があります。

それは、生まれつきというより、過去の傷つき体験によるものが多いと思われます。

家族でも恋人でも友人でも、完璧な人はいません。大きな問題を起こさずに生活している人の多くは、ひとりに依存することなく、広くいろいろな人とつながってバランスを取っているのです。

いろいろな人とつながりを作ることができない人ほど、ひとりの人にすべてを求めます。そうした隠れた依存心を見透かされ、利用されてしまうこともあります。

依存に陥らないためには、ひとりの人に頼りすぎることなく、複数の人やグループ、専門家など、困ったときに助けてもらえるところを見つけておくことです。

マジョリティの弱点

私はNPOに関わるようになって十年以上経ちますが、NPOはどうしても収入不安定という側面があり、担い手は主婦が多かったように感じます。それが近年、有名大学を卒業し、企業ではなくNPOに就職する若者が増えてきました。

もはや大企業への就職が将来を保障する時代ではなくなっており、安定よりやりがいを求める人々も増えているようです。

不安定な状況をカバーする方法は、できるだけ多くの人とつながりを作ることです。

SNSでつながるという、浅くて広いネットワークだけではなく、いざというときにリスクを共有できるような関係構築が必要になります。

近年、全国各地で自然災害が発生しており、誰でも弱者になりうる時代ではないでしょうか。

本書で紹介している加害者家族は、事件が起きるまでは社会的支援を必要としないという意味で、マジョリティの立場にいました。

マイノリティ（社会的弱者・少数者）の人々は、社会的に弱い立場ゆえに支えが必要なことを自認しており、つながる発想を持っています。

一方で、一定の社会的地位を有し、問題なく普通の生活を送ってきた人ほど、つながる発想を持っていないのです。

私も「人に迷惑をかけてはいけない」という教育の下で育ちました。「他人に頼ることも大事」などと教えられた記憶はありません。困ったときに他人に頼ることは、人に迷惑をかけることでもあり、恥ずかしいことのように感じたこともありました。

上の世代になればなるほど、耐えることが美徳とされ、弱者として声を上げたり、他人に助けを求める発想は封じられてきたのではないかと思います。

人に迷惑をかけず、何でも自分でできる人は立派に見えます。しかし、立派な人が幸せかどうかはわかりません。立派な人が愛されるとも限りません。

人は、少なからず誰かに迷惑をかけて成長していくものです。迷惑をかけたことを忘れず、いつか恩返しをできる人になればいいのではないかと私は思うのです。

ファミリーリスクマネジメントのすすめ

本書では紹介した事例はすべて「事件」ですが、交通事故も含め、加害者家族になるリスクは、すべての人にあります。

交通事故や過失による事故は、保険に入ることで経済的な損失をカバーすることができます。病気や事故の保険をかけていても、故意の犯罪によって被害者を出した場合に保険が適用されることはないので、一家の働き手が逮捕されると、残された家族の生活が成り立たなくなるケースもあるでしょう。

専業主婦の中には、自分自身の銀行口座を持っていない方もいましたが、最低限、自分ひとりの銀行口座は持っておくべきだと思います。

経済的に自立していても、精神的に自立できないことから、罪を繰り返す人の側を離れられず、再犯も止まらないといったケースも紹介しました。やはり、最も重要なことは社会的自立です。つまり社会のさまざまなネットワークとつながりを有することです。

四十代、五十代でアルバイトさえ経験がなかったという人が、仕事を見つけられたケースもあります。配偶者の暴力で離婚をし、経済的自立を迫られたため、まずは人とのつながりを通して情報を得ることから始まりました。仕事をした経験がない人を対象に、無料で資格を取ることができるＮＰＯのサービスを見つけ、仕事を得ることができたのです。つながりを辿っていくことによって、難しいと思われたことが実現することはよくあることです。

加害者家族の中でも、当団体とつながった後に自殺を選んだという人はほとんどいません。自殺に至った加害者家族は、孤立していることが少なくありません。

社会とのつながりは、犯罪予防の観点だけでなく、家族が健全に機能するためにも個人が心がけるべきことだと思います。社会に本音を出せる空間がいくつかあるだけで、家族に依存せずに済むようになるからです。

社会的地位が高い人は、どうしても世間体を気にして、社会では本音を出せず、日頃のストレスを家族にぶつけがちになります。その結果、家族が犠牲になることがよく起こります。

このような家庭から事件が起きると、必ず「親は教師にもかかわらず」とか「エリート弁護士の家庭で事件」などとマスコミは関心を引く見出しをつけたがります。常に世間の目に晒されている職業の家族は、むしろ一般家庭より家族病理を発症するリスクが高く、決して意外なことではないと考えます。

家族から問題が出ることを恥と考えるのではなく、当然のことと捉え、問題をこじらせる前に適切な相談者や専門機関につながることが肝要です。

現在では、「加害者家族の会」だけではなく、「依存症家族の会」「引きこもりの親の会」「DV被害者の会」など、当事者を主体としてさまざまな問題に対応した組織があり、複数の組織に参加している人たちも少なくありません。

家族病理は体の病とは違い、薬を飲めば治るようなものではありません。どこかに相談したからといって問題が一度に解決をするわけでもありません。

しかし、さまざまなアプローチによって問題が整理されていくようになり、少しずつ、心の負担は楽になっていくはずです。

「普通」が幸せとは限らない

「普通」とはどういうことでしょうか。

「普通以上の生活」「普通じゃない」など、日常的に誰もが使用していますが、つきつめると基準は曖昧です。それでも、多くの人が囚われている概念だと思います。

家族に関していえば、結婚して子をもうけることが普通、男女に関しては男性が働いて稼ぐことが普通と考えられてきました。結婚をしない人や子どもを持たない選択をした人、女性が働き男性が育児をする家庭などは、「普通ではない」とみなされ、社会的に肩身の狭い思いを強いられることがあるはずです。

普通から外れることには勇気がいります。しかし、私たちはそろそろ「普通」から解放されてもよいのではないかと思います。

普通であることとは、多数者の価値観や行動に合わせることです。普通であることが幸せと考えるならば、幸せという評価を多数者の価値観に委ねることになります。

普通を意識する限り、常に周囲の顔色を気にして生活をするようになるでしょう。

普通より上とか下とか、常に他者と比較をし、「普通よりも下」になることに怯えながら生きなければならないのです。

男らしさからの解放

本書で紹介した事例の性犯罪者は、妻より収入が低いことや子どもを持つことができない状況を男性として情けないと感じ、周囲から普通以下の男という評価を受けることを恐れていました。そして、どうにもならない焦燥感を、無抵抗な女性の性的自由を奪うことで満たしていたと言えます。

こうした劣等感が生まれる前提には、「男性はこうあらねばならない」といった固定観念があります。男性が育休を取る時代になりましたが、男は外で働き、女は家を守るといったステレオタイプの価値観は、未だに根強く残っています。

犯罪者の数は、女性より圧倒的に男性が多いのですが、私は数多くの犯罪者と接してきて、男性の方が社会的評価に敏感で、劣等感を抱きやすいと感じています。愚痴をこぼしたり、弱音を吐くことが「男らしくない」と評価されることを気にし、プライドの高い男性ほど劣等感を内に秘めやすく、歪んだ形で埋めようとする傾向があります。

男性弱者が堂々と弱さや傷ついた経験を語ることができる社会になれば、女性もより生きやすくなるはずです。男性中心主義の社会では、女性に無理や我慢を強いることで、男性の自尊心を守ってきたところがあります。

しかし、誰かが犠牲になっている関係は、いつか破綻します。しかも、本書で紹介してきた事例のように、無関係な他者を巻き込んで破綻するのです。

私は、差別とは「個人の否定」だと考えます。性に関しても、本来、性は多様であり、決して男女に二分されうるものではありません。

それぞれ微妙に異なる個人が、それぞれの個性を尊重されるような社会であれば、劣等感やプレッシャーから自由になれると思います。社会の中での劣等感やプレッシャーが減ることによって、犯罪も減らすことができるはずです。

黒人解放運動や女性解放運動など、解放運動はマイノリティを中心に進められてきました。しかし、表面的にはマジョリティと分類される男性でも、マイノリティの要素を隠している人は実は多いものです。

私はいまこそ、男らしさや男の責任から解放され、個人として自由な性を生きる「男性解放運動」が起こることを期待します。

たかがセックスされどセックス

セックスレスや性的嗜好について、真正面から議論されることは多くありません。

しかし、さまざまなケースに関わる度に、無視できない問題だと感じます。それだけ家族が抱える問題は、きれいごとでは済まされないということです。

刑務所で性犯罪者の更生プログラムを担当している臨床心理士は「性犯罪者の多くは同性とのコミュニケーションが苦手な人が多い」と話していました。友達が少なかったり、関係が深まらないことが多いということです。

確かに、本書で紹介した事例の性犯罪者は家族依存が強く、同性の友人とのつながりはありませんでした。

もちろん、学校で性教育は受けますが、多くの人は、リアルな話は友達同士の情報交換から学んでいくはずです。そういう意味でも、何でも話ができる同性の友人は重要なのです。

意外に思われるかもしれませんが、性犯罪者には真面目な人も多く、むしろ日常的に恥をかくことを極端に怖がる傾向が見られました。リアルな情報を知っている人は、ポルノと現実の区別がつきますが、リアルな情報に触れたことがない人ほど、極端なことをまるで一般的であるかのように受け止めてしまっていました。

子どもの性の問題に、親が介入するには限界があります。また、夫婦生活で悩むこともあると思います。性の問題は誰にでもオープンに話せることではなく、些細なことのように感じますが、些細に見えることほど大きな問題に発展してしまうのです。

家族以外で、プライドを捨ててオープンに話ができる人の存在は、生きていくうえで不可欠ではないかと思います。

マイノリティでも怖くない社会へ

「普通の生活に戻りたい」

加害者家族の多くが事件後、そう話しています。家、仕事、友人、家族、故郷など、加害者家族は事件によって多くのものを失います。それでも、加害者家族になったからこそ気がつくことができた大切なものがあると言います。

事件後、手のひらを返すような人もいれば、以前と変わらず接してくれる人や積極的に支えてくれる人と出会うこともできるなど、多くを失ったことで、本当に大切なものは何か、見えるようになったと言います。

私が十年前に加害者家族支援の道に入る際には勇気がいりました。そして実際、批判を受けることは避けられず、これまで歩んで来た道は平坦ではありませんでしたが、困難に直面する度に、助けてくれる人や共に活動する仲間が増えていきました。共に困難を乗り越える経験によって、相談者やスタッフとの間に確かな信頼関係が生まれてきたのです。

すべてが初めてのことで、いろいろな問題と格闘するうちに、見ず知らずの人々から批判されることはさほど気にならなくなっていきました。愛する人や仲間が側にいて、加害者家族が私たちの活動を必要としているのなら、見ず知らずの人に何を言われても仕方がないと割り切れるようになりました。

現代では、国民総評論家といった具合に、インターネットで意見が発信され、一時的に特定の人に批判が集中することがあります。

しかし、書き込みを行っている人が人口の何パーセントかはよくわかりません。もしかしたら、関心がない人の方が多いこともあるでしょう。

よく、「みんなにこう思われている」と言う人がいますが、「みんな」というのも実は不確かで曖昧です。

私たちのスローガンは「マイノリティでも怖くない」です。マイノリティが声を上げ続けたことによって、人権が確立してきました。生きづらい状況や、社会的不正義に直面したときは、我慢せずに声を上げてよいのです。

ただし、声を上げれば、必ず批判を受けるでしょう。大事なことは、批判を恐れるのではなく、味方を増やしていくことです。正しい主張であるならば、意見に賛同し、味方になってくれる人が必ず出てきます。マイノリティとして生きていくことを恐れないでほしいのです。

人は愛情で結ばれるべき

「いい子であること」「よくできた妻」などありのままの個人が否定され、家族の中で求められた役割をただ演じてきた人々は、物質的に満たされ、周囲から評価されているにもかかわらず、心が満たされることはありませんでした。

幸せか不幸か、人の心は見えないので、持っているもので判断しがちです。お金、家族、友人など沢山のものを持っている人の方が、少ない人より幸せに映ります。幸せだという実感が得られないときほど、他人からの評価で幸福感を得ようとします。

家族に不足していたのは、無条件の愛情です。

社会的責任や親としての義務よりも、人を変えていく力を持つのは、愛情です。愛の力が試されるのは、多くを失ったときなのかもしれません。

事件が起きるまでは、子どもに完璧を求めていたある母親が、刑務所で作業服を着て面会室に現れた坊主頭の息子を見て、

「やっぱり愛おしい……、我が子だから」

と涙したことがありました。

事件で分離した家族それぞれが、時間を経て、再び家族になることがあります。あまりに近すぎて見えなかったことが、距離ができたことによって見えてくるときがあるのです。愛情もそのひとつです。

愛情は、血のつながりや家族構成といった目に見えることより大切な要素ではないでしょうか。

おわりに

「刑務所は社会の縮図」と言われます。貧困層、麻薬患者、高齢者など、各社会の病理が受刑者の傾向に、そのまま反映されているということです。

「なぜ事件が起きてしまったのか」

加害者家族が抱える最大の悩みに迫るために、私は家族だけではなく、加害者本人との関わりも重視してきました。犯罪はいつも、世の中の常識に疑問を投げかけてくれます。その疑問を加害者や加害者家族と一緒に考えていくことは、将来、被害者を出さないことにもつながると考えています。

まもなく「平成」が終わります。人生百年と言われる時代に、家族を取り巻く環境はどのように変化するのでしょうか。本書が、新しい時代の家族の在り方を考える材料となれば幸いです。

本書の執筆にあたって、当法人の活動を経済的に支えてくださっている、二〇一六年度トヨタ財団国際助成プログラム、二〇一八年ファイザー製薬市民活動助成、その他、会員の皆様に感謝申し上げます。

構成にあたって、編集の四本恭子さんには大変お世話になりました。その他、日常的に活動を支えてくれているスタッフや顧問の先生方にも感謝申し上げます。

二〇一八年十二月

阿部恭子

参考文献

青木理『誘蛾灯　二つの連続不審死事件』講談社＋α文庫、二〇一六
阿部恭子『息子が人を殺しました　加害者家族の真実』幻冬舎新書、二〇一七
阿部恭子編著・草場裕之監修『加害者家族支援の理論と実践
家族の回復と加害者の更生に向けて』現代人文社、二〇一五
阿部恭子編著・草場裕之監修『交通事故加害者家族の現状と支援
過失犯の家族へのアプローチ』現代人文社、二〇一六
阿部恭子編著『性犯罪加害者家族のケアと人権
尊厳の回復と個人の幸福を目指して』現代人文社、二〇一七
岡本茂樹『反省させると犯罪者になります』新潮新書、二〇一三
岡本茂樹『いい子に育てると犯罪者になります』新潮新書、二〇一六
小宮純一「親密圏に潜む暴力―根強い家族幻想の『からくり』」
季刊セクシュアリティ第四六号、二〇一〇
斉藤章佳『男が痴漢になる理由』イースト・プレス、二〇一七
佐藤直樹『なぜ日本人は世間と寝たがるのか　空気を読む家族』春秋社、二〇一三
佐藤直樹『犯罪の世間学　なぜ日本では略奪も暴動もおきないのか』青弓社、二〇一五

著者略歴

阿部恭子《あべきょうこ》

NPO法人World Open Heart理事長。
東北大学大学院法学研究科博士課程前期修了（法学修士）。
二〇〇八年大学院在籍中に社会的差別と自殺の調査・研究を目的とした
任意団体World Open Heartを設立。
宮城県仙台市を拠点として、全国で初めて犯罪加害者家族を対象とした
各種相談業務や同行支援などの直接的支援と啓発活動を開始、
全国の加害者家族からの相談に対応している。
著書に『息子が人を殺しました』（幻冬舎新書）がある。

幻冬舎新書 532

家族という呪い
加害者と暮らし続けるということ

二〇一九年一月三十日　第一刷発行

著者　阿部恭子
発行人　見城　徹
編集人　志儀保博

発行所　株式会社　幻冬舎
〒一五一―〇〇五一　東京都渋谷区千駄ヶ谷四―九―七
電話　〇三―五四一一―六二一一(編集)
〇三―五四一一―六二二二(営業)
振替　〇〇一二〇―八―七六七六四三

ブックデザイン　鈴木成一デザイン室

印刷・製本所　株式会社　光邦

GENTOSHA

ISBN978-4-344-98533-9 C0295
あ-15-2

幻冬舎ホームページアドレス http://www.gentosha.co.jp/
＊この本に関するご意見・ご感想をメールでお寄せいただく場合は、comment@gentosha.co.jp まで。

幻冬舎新書

阿部恭子
息子が人を殺しました
加害者家族の真実

連日のように耳にする殺人事件。当然ながら犯人には家族がいる。突然、地獄に突き落とされた加害者の家族は、その後、どのような人生を送るのか？　加害者家族の実態を赤裸々に綴る。

下重暁子
家族という病

家族がらみの事件やトラブルを挙げればキリがない。それなのになぜ、日本で「家族」は美化されるのか。家族の実態をえぐりつつ、「家族とは何か」を提起する一冊。

下重暁子
家族という病2

家族のしがらみや囚われの多い日本の実態を一刀両断しつつも、家族という病を克服し、より充実した人生を送るヒントを示唆。60万部突破のベストセラー『家族という病』、待望の第2弾。

鈴木伸元
加害者家族

犯罪の加害者家族は失職や転居だけでなく、インターネットでの誹謗中傷、写真や個人情報の流出など、悲惨な現実をまのあたりにする。意外に知られていない実態を明らかにした衝撃の一冊。

幻冬舎新書

榎本博明
母ロス
悲しみからどう立ち直るか

母の死は誰もが経験することだが、いざ直面すると、異常なほどの不安や怒りが込み上げてきたり、罪悪感に襲われるケースも多い。大切な人の死のダメージを軽減する手法を指南した一冊。

小野一光
人殺しの論理
凶悪殺人犯へのインタビュー

世間を震撼させた凶悪殺人犯と対話し、その衝動や思考を聞き出してきた著者。残虐で自己中心的で狡猾、だが人の懐に入るのが異常に上手い。彼らの放つ独特な臭気を探り続けた衝撃の取材録。

堤未果
日本が売られる

日本人が知らぬ間に様々な法改正が水面下でなされ、米国や中国等の海外勢が日本の資産を食い潰そうとしている。国際ジャーナリストが緻密な現場取材と膨大な資料を通し、書き下ろした一冊。

梶谷真司
考えるとはどういうことか
0歳から100歳までの哲学入門

ひとり頭の中だけでモヤモヤしていてもダメ。考えることは、人と問い語り合うことから始まる。その積み重ねが、あなたを世間の常識や不安・恐怖から解放する——生きることそのものとしての哲学入門。

大嶋信頼
「やる気が出ない」が一瞬で消える方法

やる気が出ないときは、努力や根性のような精神論で解決しようとすると、効果があるどころか悪化する。7万件の臨床結果をもとに本当の原因を見つけだすことで、日々の活力を取り戻す方法を解明。

曽野綾子
人間にとって病いとは何か

病気知らずの長寿が必ずしもいいとは限らない。なぜなら人間は治らない病いを抱えることで命をかけて成熟に向かうことができるからだ。病気に振り回されず充実した一生を送るヒントが満載。

小長谷正明
世界史を動かした脳の病気
偉人たちの脳神経内科

ジャンヌ・ダルクが神の声を聞いたのは側頭葉てんかんの仕業？　南北戦争終結時、北軍の冷酷なグラント将軍が南軍に寛大だったのは片頭痛のせい？　リーダーの変節を招いた脳の病を徹底解説。

上原隆
君たちはどう生きるかの哲学

いま素朴で実直な問いかけが人々の心に響く。〈個人が失敗し後悔し、そこから意味を見つけて成長することこそが哲学なのだ〉という鶴見俊輔の考え方を補助線に不朽の名著を丁寧に読み進める。

幻冬舎新書

下重暁子
極上の孤独
孤独のイメージはよくない。しかし孤独な人は、一人のほうが何倍も愉しく充実しているから敢えて選んでいるのであり、成熟した人間だけが到達できる境地でもある。孤独の効用が満載の一冊。

和田秀樹
感情バカ
人に愚かな判断をさせる意識・無意識のメカニズム
感情が過剰になり理性とのバランスを失うと、知的な人でも愚かな判断をする「感情バカ」になる。意識・無意識の感情が判断をゆがませる仕組みを解き明かし、感情で苦しまない・損しない生き方をアドバイス。

中野信子
シャーデンフロイデ
他人を引きずり下ろす快感
「シャーデンフロイデ」とは、他人を引きずり下ろしたときに生まれる快感のこと。なぜ人間は他人に「妬み」を覚え、その不幸を喜ぶのか。現代社会が抱える病理の象徴の正体を解き明かす。

朝日新聞社会部
きょうも傍聴席にいます
長年の虐待の果てに、介護に疲れて、愛に溺れて、一線を越えてしまった人たち。日々裁判所で傍聴を続ける記者が、紙面では伝えきれない法廷の人間ドラマを綴る。朝日新聞デジタル人気連載の書籍化。